KB064575

부자들이 말하지 않는
부자의 생각을 훔쳐라

와일드북

와일드북은 한국평생교육원의 출판 브랜드입니다.

부자들이 말하지 않는 부자의 생각을 훔쳐라

초판 1쇄 인쇄 · 2019년 8월 05일
초판 1쇄 발행 · 2019년 8월 10일

지은이 · 폴 곽(Paul Kwak)
발행인 · 유광선
발행처 · 한국평생교육원
편 집 · 장운갑
디자인 · 이종헌

주 소 · (대전) 대전광역시 유성구 도안대로589번길 13 2층
           (서울) 서울시 서초구 반포대로 14길 30(센츄리 1차오피스텔 1107호)
전 화 · (대전) 042-533-9333 / (서울) 02-597-2228
팩 스 · (대전) 0505-403-3331 / (서울) 02-597-2229

등록번호 · 제2015-30호
이메일 · klec2228@gmail.com

ISBN 979-11-88393-16-9 (13190)
책값은 책표지 뒤에 있습니다.
잘못되거나 파본된 책은 구입하신 서점에서 교환해 드립니다.

이 도서의 국립중앙도서관 출판예정도서목록(CIP)은 서지정보유통지원시스템 홈페이지(http://
seoji.nl.go.kr)와 국가자료공동목록시스템(http://www.nl.go.kr/kolisnet)에서 이용하실 수 있
습니다.(CIP제어번호: CIP2019026631)

이 책은 한국평생교육원이 저작권자의 계약에 따라 발행한 것이므로 저작권법에 따라 무단 전재
와 복제를 금합니다. 이 책 내용의 전부 또는 일부를 이용하려면 반드시 저작권자와 한국평생교
육원의 서면동의를 얻어야 합니다.

부자들이 말하지 않는

부자의 생각을 훔쳐라

폴 곽(Paul Kwak) 지음

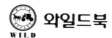

와일드북
WILD

함께 가야 멀리 가고 부자도 빨리 된다

누구나 공통적으로 바라는 것이 있다. 바로 부자가 되고, 오래 살고 싶어 하는 것이다. 그러나 쉬운 것 같으면서도 막상 자신에게 닥치면 감당하기가 무척 어렵다.

필자는 원하는 곳에서 청춘을 보내게 되었거니와 새삼스럽게 과거를 돌이켜 후회는 없다. 단지 무턱대고 그 어떤 것이라도 비즈니스를 시작하면 돈을 벌고 내 사업에 대한 꿈을 펼칠 수 있다는 막연한 생각으로 지난 40년을 정신없이 살아왔던 것이다.

젊어서 타인의 고통은 공유할지언정 나에게 닥친 시련이나 고통은 세상의 이별만큼이나 싫었다.

내 인생은 무한하게 펼쳐질 줄 알았다. 따라서 경제적 자유와 젊은 날의 부에 대한 집착으로 온몸을 던져 무작정 일만 하면 부유하고 여유로운 생활을 할 수 있다는 오기와 배짱이 있었던 것이다.

그러나 그러한 삶은 수차례의 사업 실패와 인간관계의 단절로 인한 세상 속으로의 삶의 중요성을 망각하고 만 것이다.

금융지식과 정보의 무지로 수십 년의 시행착오와 더불어 나만의 성공착각에 빠져 몸과 마음의 안식을 얻을 수 없었던 지난 시절이 괴롭고 생과 사를 오락가락하던 그 어느 날, 하늘의 존재를 명확히 깨닫게 되었다. 그 어느 미명, 하늘로부터 나에게 베풀어진 기회를 붙잡을 수 있었던 것이다.

오래전에 무너져야 했으며 세상에서 무가치했던 지난날 나의 시간, 스스로는 도무지 다시 일어설 수 있는 조건조차 갖추지 못한 나의 존재, 오로지 하늘의 지혜와 땅의 용기를 붙잡고 거침없이 나아가는 나에게 다시 한번 미래의 소망을 얻게 된 것이다.

이제 큰 부자는 아니어도 하늘의 도움으로 소망을 얻어 한 권의 책으로 이 사회에서 경제적으로 소외된 계층, 특히 우리나라를 짊어질 청년들의 부와 행복을 위한 결단력에 도움이 되기를 기대한다.

예전처럼 단지 온몸을 바쳐 노동만으로 부자가 되는 세상은 아니다. 부자가 되고 싶다면, 스스로 잘하는 일을 선택하고, 고민해서 1인 스마트 기업을 창업하기를 권면한다.

바야흐로 세상은 온통 프리랜서와 개인 비즈니스로 변하고 있다. 따라서 정말 부자가 되려면 지식과 정보를 함께 공유하고 먼 길을 같이 떠나야 한다.

이 책이 아니더라도 부자 관련 콘텐츠와 수많은 책들이 홍수처럼 밀려 나오고 있다.

그럼에도 다행히 '동서남북 유튜브 채널' 영어명 'NSEW GA TV'를 운영하면서 많은 시청자들의 경제적 애환을 직접 듣고, 새로운 금융 정보와 지식을 시청자들과 공유하게 되어 감사와 위로를 받고 있음을 최고의 행운이라 여기며, 여러분이 부자가 되려면 반드시 읽어야만 되는 필독서가 되기를 조심히 마음속에 담아본다.

동서남북 TV 유튜브 채널도 책의 제목처럼 '부자들이 말하지 않는 부자의 생각을 훔쳐라'의 내용을 토대로 운영하고 있다.

필자는 독자 여러분과 더불어 동서남북 TV는 물론 책 쓰기 홍보와 강연을 통해 한국과 미국 그리고 글로벌 국가로 펼쳐나가기를 기대한다.

어려움 속에서도 흔들림 없이 나를 지켜주고 응원해준 나의 아내와 두 아들, 그리고 새 가족으로 입성한, 지혜롭고 아름다운 우리 며느리에게 하늘의 감사를 몰아서 드리고 싶다.

마지막으로 하늘에서 무한한 축복을 보내주시는 나의 어머님께 '사랑합니다.'를 외쳐 부르고 싶다.

제3장 부를 끌어당기는 부자들의 라이프스타일

제4장 기하급수적으로 돈을 버는 부의 시스템

제5장 재테크 철학

확신의 힘으로 운명의 루비콘강을 건너다

대학 마지막 학기를 한 달 남겨 둔 서울은 온통 학생들의 민주화 시위와 경찰의 과잉진압으로 인한 퀴퀴한 최루가스 냄새와 어지럽혀진 거리의 도시였다.

이러한 뒤숭숭한 사회상황을 뒤로하고 졸업과 동시에 아내와 함께 태평양을 횡단하여 캘리포니아에서 유학생활을 시작하게 되었지만, 미국 유학을 결정하기 전 6년 동안의 대학 학창시절과 군 생활은 너무 길고 지루했다.

동생들의 대학진학, 그리고 혼란한 국내사정으로 대학 2학년을 마칠 무렵인 1977년 겨울, 서울 왕십리역에서 입영열차를 타고 군에 입대를 했고, 그 3년의 군 생활은 나 자신과 생존 싸움의 연속이었다.

유신체제하에서 휴교령으로 대학교를 폐쇄하고 학생들을 탄압했던 당시의 유신 독재사회를 벗어나고 싶었던 것이다. 꿈을 갖고 비전을 제시해야 할 상아탑에서 정권타도를 외치고 정치권에서는 눈앞의 이익을 위하여 젊은이들의 꿈을 짓밟으며 정권유지를 위하여 각종의 작태가 성행했다.

더 나은 미래를 위해 어릴 적부터 다국적기업의 경영자가 되어 전 세계를 무대로 사업을 하고 싶었던 나는 졸업을 앞두고 내 꿈을 펼치기 위해 취업 대신 해외 유학을 선택하기로 했다.

그리하여 군 복무를 마치고 복학을 하자마자 유학을 준비했고 복학해서 2년 동안은 학교도서관에서 불철주야 공부를 할 수밖에 없었다.

팝송 '호텔 캘리포니아'는 미국 유학을 준비하는 우리 유학생들의 주제곡이었다. 유학 준비 중에 타국에 대한 두려움이 엄습해오거나 힘이 들 때 이 노래를 듣게 되면 위로와 용기를 얻었다.

마침내 기다리던 입학허가서를 받고 여권을 신청하여 미 대사관에서 학생비자를 신청했다. 아내와 함께 로스앤젤레스행 항공권을 예약할 땐 갑자기 2년 전 유학 준비를 해왔던 과정들로 만감이 교차했다. 졸업과 동시에 출국이었고 하루빨리 어수선한 사회를 벗어나고 싶었다.

눈물이 그렁그렁한 가족들을 뒤로 한 채, 김포공항의 하얀 구름 위에서 페티 김의 '이별'을 들으며 25년 정들었던 나의 조국과 작별을 고했다.

대도시가 아닌 중소도시에 정착하게 된 우리는 당장이라도 직업을 갖고 돈을 벌어야 했다. 대부분 육체노동으로 밤에 할 수 있는 직업이라고는 청소업이었다. 그러나 그조차도 시간이 지나면서 대기 상태로 오래 기다리게 되었다. 그러다 보니 한 학기가 지나 새 학기가 되면서 마음은 초조해지고 수중에 돈은 점점 줄어들었다.

더욱 심각한 문제는 기후였다. 캘리포니아 내륙에 위치한 프레스노라는 작은 도시는 건포도를 재배하는 농장이 주요 산업이어서 일 년 내내 건조한 여름 날씨인 곳이다.

이곳에서는 학교를 마치지도 못하겠고 생활도 어렵겠다는 생각이 들었다. 그리하여 아내를 설득해 대도시인 로스앤젤레스로 잠시 다녀오기로 하고 그레이하운드 버스에 올라탔다.

대도시의 멋진 생활, 높은 빌딩 그리고 수많은 사람들이 생활하는 대형타운이 어쩌면 새로운 도전이 될 것 같았다. 그러나 일 년 내내 반팔을 입고 생활하는 더운 기후가 젊은 우리에게는 맞지 않았다.

돌아오는 그레이하운드 버스 안에서 돈이 떨어지기 전에 미국 동서 대륙을 횡단하고 한국으로 돌아가자고 아내를 설득하기 시작했다. 일 년 학비와 생활비를 갖고 와서 낮에는 학교를 다니면서 밤과 주말에 파트타임으로 일을 하면 학비와 생활비를 벌 수 있다는, 먼저 정착한 선배들의 이야기는 우리 부부에겐 해당사항이 아니었다.

고맙게도 아내는 무조건적으로 내 결정에 따랐다. 그리고 실행에 옮기기 시작하자마자 오래된 중고차를 싸게 구입해서 동서 대륙횡단 대장정에 나섰다.

새벽부터 저녁까지 평균 14시간 운전을 하고 저렴한 모텔만 찾아서 잠만 자고 5일 만에 동부의 대서양 해안도시 뉴욕에 도착했다.

4월 중순임에도 불구하고 눈이 차 높이까지 쌓였던 그때를 지금도 생생하게 기억한다. 서울에서도 그렇게 높이 쌓인 눈을 본 적이 없었다.

아내는 추위를 싫어했지만 눈만큼은 좋아했다.

첫 느낌이 매력적인 활기찬 세계 속의 대도시 뉴욕이었다.

뉴욕의 마천루, 수많은 기업들 그리고 싸늘한 기후는 나를 위해 존재하는 세상 바로 그 자체였다. 그동안 가슴속에 응어리졌던 스트레스가 일시에 날아가고 한국으로 돌아간다는 생각은 이미 머릿속에서 사라졌다.

일할 곳도 널려 있었거니와 당시에는 오히려 유학생들을 선호하는 풍조까지 생겨났다.

따라서 이제 마음이 급해졌다. 우리는 이사를 올 집까지 결정했다. 이사를 오면 함께 룸메이트를 하기로 한 뉴욕의, 유학생 부부의 아파트에 자동차를 임시 주차했다.

아내와 나는 서둘러 비행기 표를 구입하고 캘리포니아로 향했다. 그리고 일주일 만에 뉴욕의 롱아일랜드 대학원으로 전학수속과 숙소를 정리하고 뉴욕으로 날아갔다.

첫 직장은 뉴욕 브롱스 전철역 근처의 조그만 선물 가게였다. 주중에는 파트타임, 주말에는 풀타임으로 일을 하기 시작했다.

1980년 중반 당시의 미국 내 사회현상을 설명한다면 마약 소지만으로는 경찰이 민간인들을 체포할 수 없는 법이 있었다. 그러다 보니 지하경제의 규모가 엄청나고 현금거래로 자금추적을 어렵게 만든 시장구조여서 많은 이민자들이 빠르고 쉽게 자립할 수 있었다.

육체노동이 요구되는 업종인 야채, 생선, 잡화가게는 하루가 멀다 하고 여기저기 생겨났다.

새벽 도매시장에 가서 물건을 사와야 하고 가격경쟁을 위하여 많은 양을 구매해야 고수익을 올릴 수 있었다. 오죽하면 당시 이민자들 사이에서는 한국인과 유대인의 성공 스토리 기사들이 종종 신문에 실렸다.

제2차 세계대전이 끝나고 미국으로 이민 와서 성공한 유대인들이 점차적으로 소매업을 떠나기 시작하자 그 뒤를 이어 한국인 이민자들이 유대인들의 소매업소를 사들이고 새로운 가게를 열기 시작한 것이다.

그리고 뉴욕의 모든 한국인들은 근면하고 부지런했다. 가족을 부양하고 주택을 구입했으며 또 다른 곳에 같은 업종의 가게를 냈다.

당시 우리 교민들은 3~4년 동안 주말도 반납하고 돈 버는 재미에 빠져 힘든 이민 생활을 견딜 수 있었다. 시간만 나면 고국의 부모형제를 위해 송금을 했고 노동력이 부족하여 가족 이민초청을 해야 하는 상황이었다.

당시 일주일 일을 하고 받은 주급이 평균 250달러(환율 1달러는 1,200원)였다. 한국의 대기업의 월급수령액을 여기서는 주급으로 받으니 혼란한 한국에서 미국으로 이민을 오려는 사람들이 늘어났던 것이다.

아내도 슈퍼마켓에서 주 6일 풀타임으로 뛰었다. 따라서 우리의 수입은 학비와 생활비를 지출하고도 남았다. 저축도 하고 일주일에 한 번쯤은 외식도 할 수 있었다.

미래의 청사진이 오버랩되고 기업의 꿈을 하루하루 머릿속에 그리며 힘들던 미국생활도 2년이 지났다.

그러나 모든 것이 계산대로 나갈 줄 알았던 우리에게 미래 청사진의 고통의 시간이 찾아왔다.

이렇게 돈만 벌어서는 안 되었다. 향수병과 미래의 불확실성이 커지면서 잠시라도 우리를 뒤돌아보는 시간이 필요했다.

그리하여 모든 것을 새롭게 시작해야 했다. 창업하기 위하여 미국으로 유학 온 것을 잠시 잊고 있었던 것이다.

단순 노동으로 잠시 생활비와 학비를 벌고 있었지만 내 정신과 육체는 이미 익숙해졌다. 아내도 나에게 미국으로 유학을 온 목적과 꿈을 되새기게 했다.

한편 룸메이트 부부는 계속해서 일을 했고 능력을 인정받아 슈퍼마켓 전체를 운영하는 매니저로 승진했다. 룸메이트 부부의 승승장구하던 모습으로 내 모습은 잠시 위축되었다. 아내도 왠지 나에게 미안해했다.

나 또한 공부도 집중하지 못했고 오로지 돈과 사업에만 집착했다.

엄청난 돈을 벌고 싶었고 우연히 부동산관련 기사를 읽게 되었다.

그 기사에서 이민자들이 열심히 일을 해서 다음 코스로 주택을 장만한다는 사실을 알게 되었다.

지금은 유학생들이 부동산 면허자격 시험에 해당이 안 되지만 그 당시에는 미국에 들어온 여행자들도 원하면 부동산 자격증을 취득할 수 있었다.

나는 부동산 자격증을 취득하고 조그마한 부동산 회사에 나가서 일을 시작한 지 한 달도 안 되었지만 당시 교포 부동산시장에는 젊은 부동산 전문인들이 별로 없어서 고객들의 문의가 쇄도하기 시작했다.

아파트와 주택 임대를 시작하여 보통 2년 정도 지나야 주택매매를 시작하는데 내 경우는 석 달이 지나기도 전에 이미 주택매매를 성사시키기 시작했다.

남들의 부러운 시선을 느낄 수 있었다. 물론 일반회사나 장사에서 벌어들인 액수보다 몇 배나 많은 돈을 벌 수 있었다.

따라서 힘들었던 지난 일 년의 고통이 어느새 사라졌고 아내의 건강도 회복되었다.

마침내 월세를 내고 살던 우리가 거주할 주택을 구입했을 때 이미 내 마음속에는 뉴욕의 빌딩을 소유할 것이고 무역을 통한 종합상사의 경영주가 된 기분이었다.

로마 원로원의 결정을 뒤엎고 루비콘강을 건너 광활한 지역을 손에 넣고 로마로 진군하여 황제가 된 줄리어스 시저의 '주사위는 던져졌다.'는 말처럼 나도 루비콘강인 태평양을 건넌 셈이다.

확신의 힘으로
운명의 루비콘강을
건너다

01

이역만리 낯선 땅에서
새로운 일을 시작하다

모든 것이 새롭게 느껴졌다.

도시, 인종, 언어, 문화 특히 언어와 문화의 충격은 이루 말할 수 없었다. 손짓과 말의 순서가 우리의 표현과는 정반대로 나타나는 경우가 다반사였다. 모든 행위가 낯설고 옳고 그름으로 남들을 판단할 수 없었다.

낮에는 일을 하고 저녁에 학교를 다녀야 했기에 직업이 나를 선택했고 수입을 위하여 남들이 선호하지 않는 지역을 택했다. 이렇게 살다가는 공부도 기업도 아무것도 이룰 수 없을 것 같았다. 그리하여 시간을 보내며 아내와 상의해서 미래 지향적인 일을 시작했다.

처음에는 일정하지 않은 수입으로 세 번째 학기에는 학교도 한 학기를 쉬어야 했다. 1년을 생계와 미래의 꿈을 위해 책을 읽고 부동산 실무를 발로 뛰면서 일했다. 새벽까지 손님들과 계약으로 실랑이를 하면서 공부도 수입도 원했던 이상으로 결과가 나왔다.

첫째 아이 그리고 둘째의 탄생은 나의 꿈과 비전을 이룰 수 있도록 하늘이 내리신 세상 최고의 선물이었다.

이제 학군 좋고 중산층 이상의 주민들이 거주하는 뉴욕 롱아일랜드 워터프런트에 수영장이 있는 주택을 매입했다.

자동차도 럭셔리 세단 2대, 미니 스포츠카와 주말 산악용 지프를 구입해 나의 20대 후반부와 30대 초반은 하늘 아래 부러운 것이 없었다. 미래의 주인공은 당연히 나를 포함해 함께하는 비즈니스 동업자들이라 판단했다.

한편으로는 나의 행동에도 변화가 생겼다. 남을 대하는 태도가 예전과 달랐다. 고객들과 지인들의 부러움이 나의 판단을 흐리게 하였고, 아내와 아이들과 함께하는 시간이 1년에 손으로 꼽을 정도였다.

학교에서 배운 경영실무는 뉴욕 부동산 거래의 엄청난 돈이 나에게 몰려오게끔 일조했다. 따라서 점점 뉴욕과 뉴저지의 부동산을 매입했고 은행도 대출을 쉽게 승인해줬다.

매월 생활비와 비즈니스 경비로 많은 돈을 지출했다. 고객들 그리고 사업 파트너들과의 잦은 저녁회식, 계획 없이 떠나는 비즈니스 출장, 문어발식 기업 확장은 몰락의 서막이었다.

지식과 배움을 지속적으로 추진해도 기업성장이 어려운 것이 기정사실이다. 그럼에도 불구하고 세상의 소문과 자가당착에 빠져 사업상 중대한 실수를 하기 시작했다.

지금도 그때를 회상하면 쥐구멍이라도 찾고 싶거니와 쉽게 벌어들인 재물을 지키지 못한 나 자신을 용서하기가 정말 어려웠다.

오프라 윈프라는 이렇게 자신을 표현했다.

'저는 미래가 어떻게 전개될지는 모르지만, 누가 그 미래를 결정하는지는 압니다.'

그렇지 못한 내 자신은 미래의 파국을 서서히 감지하기 시작했다.

지금이야 부동산이라고 표현을 하지만 1980년대에는 복덕방이라 호칭했다. 더군다나 종사하는 중계인 대부분이 나이가 지긋이 드신 어르신들의 소일거리였다. 지금이야 남녀노소 누구나 자격요건만 갖추면 쉽게 부동산 라이선스를 획득할 수 있다. 단지 시험을 영어로 치러야 하므로 전문용어를 공부해야 한다. 대부분 3~4개월 수업을 듣고 나면 자격시험에 합격하여 부동산 라이선스를 받을 수 있다.

넓은 바다로 항해를 하다 보면 비바람이 몰아치는 날도 있는 것처럼 처음 1년 동안의 부동산 거래는 엄청나게 많았지만 이후 1987년 10월, '블랙 프라이데이' 뉴욕 중시 대폭락으로 모든 경제가 정상적으로 움직이지를 못했다.

나 역시 잠시 숨고르기를 하며 휴식을 하면서 새로운 사업구상을 했다.

이때는 증권시장의 혼란으로 부동산 시장으로 돈이 마구 몰려들었다.

일본 기업과 개인 투자자들이 미국 대도시의 주택과 빌딩을 마구 잡이로 사들이면서 아시아인들의 위상도 높아졌다. 이에 질세라 한국 교포들의 부동산 구입도 뜨겁게 달아오르고 있었다.

이민 초기에 소매업으로 돈을 벌어 주택을 장만한 교포들이 도매업 진출을 하면서 은행 대출을 받아 상업용 건물을 매입하기 시작하였던 것이다. 특히 상가가 여러 개 되는 건물은 시장에 나오기가 무섭게 팔렸고 사자마자 다시 매각을 해도 엄청난 수익을 얻는 형국이었다. 상업용 건물의 인기는 지금의 서울 강남의 빌딩처럼 최고의 투자처였다.

나 역시 상가용 건물과 땅을 뉴욕과 뉴저지에 소유하고 있어서 당시의 부동산 투자 열기를 생생하게 기억하고 있다.

하루가 멀다 하고 매물을 찾는 고객들로 가격을 올려서 광고를 내도 매물이 부족했다. 부동산 거래 계약이 종료됨과 동시에 수수료(거래가격의 6%~10%) 수익이 발생하는데 매물을 시장에 올려놓는 리스팅 에이전트(수수료 수익의 50%), 매물을 구입하는 바이어의 에이전트(수수료 수익의 50%)가 나누어 갖는다.

독자들의 현실 감각을 도와주기 위해 예를 들면, 당시 거래되었던 상가 건물이 일백만 달러에서 이백만 달러 정도였다. (원화로 환산하면 12억에서 24억 정도.) 수수료 수입은 평균 거래가격의 6%라고 한다면 6만 달러에서 12만 달러(원화로 환산하면 7천만 원에서 1억 5천만 원) 정도가 된다.

아침부터 새벽까지 매물을 찾으러 사방팔방으로 뛰어다녀도 시간이 부족했다.

지금이야 인터넷 검색으로 순식간에 매물 정보를 자세하고 빠르게 얻을 수 있지만 당시에는 발품과 인맥으로만 가능했다. 그리하여 점점 귀가 시간이 늦어지고 저녁 회식자리는 매일같이 일상화되어 누가 고객이고 손님인지 분간이 안 되었다.

인간은 환경적 동물임에 틀림없다.

어렵게 번 돈이지만 관리와 투자를 잘못하면 쉽게 써버려서 수중에 가진 것이 없고 그로 인하여 빚과 지출은 더욱 많아져서 파산에 이르게 된다.

어느 날부터인가 저녁회식 자리를 만들지 않기로 결정했다.

아이들이 어려서 아빠를 기다리다 지쳐서 잠을 자고 아침에 일찍 학교를 갈 때는 아직 잠에서 깨어나지 못한 아빠를 기다리다 스쿨버스를 타고 학교를 간다는 말을 아내로부터 들었다. 그러나 이런 상황을 고객들이 이해해줄까 생각해보았지만 절대로 그렇지 않았다.

일과 후와 주말은 가족과 함께 지내야 사업에 재충전이 되는 것을 당시는 젊어서 깨닫지를 못했다.

아이들이 어렸을 때 아빠가 함께 놀아주고 여행도 자주 가야 한다는 등등의 말은 번지르르하게 하면서도 뒤에서는 '미스터 곽이 돈을 벌고 만지더니 사람이 변했다, 사람이 겸손하지 않다, 사람은 오랫동안 알고 지내봐야 안다.' 등 쓸데없이 별별 소리를 하고 다니면서 그렇잖아도 좁은 교민사회에 더욱 악의적인 소문으로 요즘 말로 왕따를 시켜버리면 그만인 것이다.

어차피 성공의 과정에서 남의 눈치와 악성 루머를 견디지 못하면 기업의 토대를 만들 수 없다. 오죽하면 사촌이 땅을 사면 배 아프다는 말이 존재할까. 하물며 피 한 방울 섞이지 않은 남이 성공하거나 부자가 된다면 과연 몇 명이나 칭찬과 격려를 해줄지 의문이다.

시간이 지나자 부동산매물이 거래가격 폭등으로 시장에서도 자취를 감췄고 덩달아 팔려는 셀러나 사려는 바이어 교포들도 부동산 에이전트에게 시장 상황 이외의 무리한 요구를 해대고 있으니 현금을 쥐고 있는 중국계 이민자들에게 서서히 시장을 잠식당하기 시작했다.

뉴욕의 한인들이 가장 많이 거주하고 생활 터전이인 퀸즈의 플러싱이 순식간에 대만계 중국 이민자들에게 부동산개발과 상권이 넘어가는 시간은 불과 얼마 걸리지 않았다.

제2차 세계대전 이후 유럽에서 건너온 유대인과 이탈리아인들이 정착한 퀸즈의 플러싱을 뉴욕의 대표적인 한인촌으로, 30년 이상 시간과 땀을 흘려서 마련한 미국 동부의 최초의 한인 타운은 이제 명맥만 유지할 정도가 되었다.

'성공하기는 어려워도 그것을 지키는 것은 더욱 힘들다.'는 문구가 새롭게 나의 가슴을 파고들었다.

게다가 남이 잘된다고 하면 바로 옆에다 가게를 차리고 서로에게 악성 루머를 퍼트리며 죽기 살기로 가격경쟁을 하다가 서로 파산해 버리는 경우가 비일비재했다. 오히려 타민족에게 정보를 일부러 누설하여 경쟁업소의 같은 민족을 곤란하게 만들기도 부지기수로 많았다.

각종 지역 정부단체(시정부, 소방검열, 위생검열)에 투서를 하여 경쟁업소의 영업을 방해하여 오히려 검열을 나온 공무원이 검열 나온 이유를 설명하고는 했다. 공무원에게 뇌물을 제공하다 적발된 사례도 종종 있었다.

한국 정치권의 부패와 독재를 피하여 자유 시장 경쟁의 규제가 없는 선진사회로 이민 온 교민들이 자신들의 이익을 위해 혐오했던 옛날 구태를 저지르고도 뻔뻔했다.

부동산시장에서도 예외는 아니어서 구태와 불법적인 거래가 빈번했다.

계약을 체결하고도 높은 금액의 오퍼가 들어오면 어떻게 해서든지 기존의 계약을 해지했으며 은행 대출 승인이 안 될 경우를 대비해 최대한 많은 위약금을 계약서에 명시하였다.

결국 현금으로 계약을 하려는 중국 이민자들이 거래가격도 엄청 싸게 후려치는데도 셀러들은 은행대출과 건물 인스펙션에서 하자가 발생해도 거래과정에서 계약이 취소되는 경우가 발생하지 않기 때문에 현금거래를 선호했다.

뉴욕시의 주택과 건물들이 보통 50~70년 전에 건설되어 매매 시에 하자가 발생하면 은행대출이 어렵고 셀러는 인스펙션을 패스하기 위해 하자 보수를 해야만 계약이 완료되기 때문이다.

자본이 부족한 우리 교민들은 은행 대출을 받기 위하여 현지 은행보다 상대적으로 높은 이자율을 지불하면서도 한국에서 진출한 우리나라 은행을 이용했다.

한국계 은행은 언어의 편리함과 대출과정에서의 준비할 서류를 확인할 수 있어서 좋았기 때문이다. 그러나 이면에는 은행들이 자기 자본율을 높이기 위하여 암암리에 일종의 꺾기대출을 요구하곤 했다.

낮은 감정가격으로 계약이 파기되거나 너무 노후화되어 하자가 있는 부동산도 파견 나와 있는 은행관계자들의 승인이 나면 매입이 가능했다.

따라서 한국식 대출방식이 교민들에게 인기를 얻기 시작했다. 돈과 백이 이역만리 미국에서도 통했던 것이다. 소문에는 한국정치권에 인맥을 앞세워 한국계 은행으로부터 특혜의혹을 받았던 교민과 한국의 유명 인사들이 종종 있었다.

한국계 은행은 교민들로부터 예금을 유치하고 은행 영업에 안전하고 자신들에게 유리한 부동산 담보대출만 취급했다. 은행 영업을 위해 뒤에서는 온갖 논란거리가 횡행했다. 한국에서 현지에 파견 나온 책임자들의 짧은 임기가 끝나면 고국으로 승진해서 들어가거나 아니면 은행 내의 핵심부서로 자리를 옮겼다. 꿩 먹고 알 먹고 아닌가?

어느 날 한국계 거래은행 중 하나인 A 은행으로부터 은행 내의 부실 부동산 매입을 제안받았다. 4유닛의 상가와 8유닛의 주거시설이 함께 있는 맨해튼과 가까운 뉴저지에 위치한 물건이었다. 상업용 시설로 분류되어 미국은행에서는 대출을 받기가 쉽지 않았던 매물이었다. 기존 오너의 비즈니스 파산으로 A 은행은 2년 이상 대출금을 받지 못한 상황이었다.

나는 부실채권의 인수조건을 역제안했다. 100% 융자와 6개월 비즈니스 운영자금까지 함께 패키지론으로 묶어 3년 거치 20년 상환 조건으로 제시를 한 것이다. 사실 거래가 성사될 수 없는 무모한 조건이었다.

그러나 수 일이 지나서 서울서 파견 나온 담당자로부터 지점장이 저녁식사를 하고 싶다는 연락이 왔지만 서울에서 사회생활 경험이 없는 나로서는 어떻게 해야 할지 상황판단이 어려웠다.

어찌 되었든 뉴욕 맨해튼 이스트리버에 위치한 고급 레스토랑에서 난생처음 맛보는 고급 프랑스 와인으로 시작된 저녁 만찬으로 부실 부동산에 관한 이야기는 전혀 거론도 없이 나의 사업 규모와 앞으로의 사업계획을 듣고 내가 제안했던 내용으로 쉽게 결정이 났다. 물론 조건은 있었다. 미국은행에 거래를 하고 있던 회사 은행계좌를 옮기는 조건이었고 가능하면 빨리 부동산 거래를 마무리해야 하는 내용이었다.

나중에 A 은행이 서두르면서 나의 제안을 쉽게 받아들인 이유를 알고서는 말로만 들어왔던 한국사회의 정부와 기업 그리고 금융기관의 유착관계를 알 수 있었다.

한국 정부 산하의 유관기관으로부터 감사일정이 정해져서 하루라도 부실채권을 정리해야 지점 문책을 피하고 한국의 본점도 정부로부터 감사를 피할 수 있었던 사례였다.

'내로남불'이라는 표현이 실감났다.

신문기사와 언론에서 제기한 권력과 기업의 유착관계를 혐오했던 지난날의 내 판단이 막상 나에게 닥쳐오니 완전히 다른 느낌이었다.

그리고 앞으로 부동산 매입 시 유리한 대출을 받을 수 있고 무역 대출도 가능하다고 생각하니 승승장구할 내 미래의 사업이 순풍에 돛을 단 느낌이었다.

새로운 시장개척에 은행의 역할을 절묘하게 활용하게 된 계기가 되었다.

02 금융과 부동산의 지식을 모르고 덤벼든 무지

매일 저녁 늦게까지 이어진 만찬과 주말이면 골프 회동으로 벌써 대기업의 오너가 된 기분이었다. 부러울 것이 없었고 원하면 금융권의 대출로 부동산을 매입할 수 있었다.

출근시간이 늦어지고 전문인들의 의견은 안중에도 없었다. 내 성격은 한번 결정하면 무슨 일이 있어도 번복하지 않는 독선적으로 변해갔다. 모래 위에 성을 쌓아도 나는 무너지지 않는다는 사실을 보여주고 싶었다.

당시만 해도 노력하고 열심히 일만 하면 누구나 부자가 되고 성공할 줄 알았다. 당시 사회 풍조는 쉬지 않고 일해서 은행에 저축하면 가정과 사회에서 대접받는 시대였다.

정부와 은행은 근로자의 세금과 저축으로 더욱 많은 자본을 유치하고 이익을 극대화하기 위하여 금융 지식을 알려주지도 않았고 오히려 노후대책을 위하여 각종 연금, 채권투자 안내와 홍보캠페인까지 벌렸다. 그리하여 대부분 봉급생활자들의 세금과 저축한 돈은 정부와 금융기관의 거대한 이익과 기업의 사업 확장을 도와주는 셈이었다.

대부분 기업들의 투자는 자기자본으로 하는 경우는 드물었고 금융기관으로부터 대출을 받아 사업을 진행했다.

금융기관은 수익의 대부분을 대출을 통해 얻는다. 기업은 금융기관의 입맛에 맞는 사업계획서를 통해 대출을 받고 정부는 금융기관이 기업에 대출을 해줄 수 있도록 국민들의 세금과 저축되어 있는 자본의 몇십 배 이상을 쓸 수 있도록 허가를 내준다.

우리 속담에 '외상이면 소도 잡아먹는다.'는 표현이 적절한지도 모르겠다.

금융기관은 사업이 성공하여 원리금을 제때 갚으면 더욱 많은 대출을 알아서 알선을 해주고 이자율도 내려준다.

만약 사업이 실패하거나 저조해도 내 주머니에서 나온 돈이 아니어서 급해질 이유가 없다.

금융기관은 처음부터 대출금을 갚으라고 독촉하지 않으며 금융기관 또한 자기 돈이 아닌 것은 마찬가지다.

일반인들은 꿈도 못 꾸지만 사실 배짱이 없어서 사업을 시작할 때 자기자본 이외에는 금융대출을 생각하지도 않는다. 실패를 한다면 남의 돈 갚을 생각으로 눈앞이 캄캄하기 때문이다. 대부분의 사람들이 실패와 두려움 때문에 직장인으로 남는 것이다.

그러나 냉정히 생각해보면 창업과 직장인은 별로 다를 게 없다.

누구나 창업과 직장인을 선택할 수 있지만 그렇다고 아무나 기업의 오너가 될 수는 없다. 창업도 하기 전에 미리 두려움이 앞선다면 직장인으로 남는 게 본인과 가족을 위해서도 좋은 결정일 것이다.

타고난 성격이 참모 스타일이어서, 백도 없고 가진 자본도 없고, 동업은 하기 싫고…… 등 여러 가지 이유로 직장인들이 창업을 부러워하면서도 이 핑계 저 핑계를 대고 직장에 남아야 하는 이유를 설명하며 절대 실패라는 두려움 때문이 아니라고 손사래를 친다.

그리고 남들이 시작해서 성공한 사례와 아이템을 향하여 자신도 과거에 생각했던 사업 아이템이었었고 어쩌면 아이템이나 시스템의 노하우가 새어 나갔다고도 뒷담화를 한다. 그러면서도 당장 직장을 그만두고 창업을 할 것처럼 행동을 하지만 다음 날 언제 그랬냐는 듯이 직장으로 향하는 것을 자주 목격하곤 했다.

혹시라도 실패를 한 사업 사례라도 언론에 크게 보도되면 철저한 사전 준비를 기획하지 않아서 망했다는 둥, 마케팅 전략이 잘못되었다는 말을 서슴지 않는다. 뿐만 아니라 내가 했으면 저렇게까지 질질 끌거나 남에게 의존하지 않고 혼자서도 성공시킬 수 있었다거나 겁 없이 자본도 없이 창업을 한다는 등 잘 모르는 남을 향하여 날선 비수를 날려버린다. 그렇잖아도 죽고 싶도록 도망치고 싶은데 온갖 못된 비판을 퍼부어 버린다.

젊어서의 실패는 당연하다.

아이들이 태어나면 기어 다니다 걸음마를 배우기 시작한다. 어린 아이들이 일어서다가 넘어지기를 반복하는 이유가 있다. 넘어지자마자 빨리 일어나기 위해서라고 한다. 넘어질 때 아파서 울기도 하지만 자꾸 넘어지니까 말로 표현을 하지 못하니 속상해서 울어 버린다고 한다.

아이들이 어른으로 성장하면서 여러 번의 시행착오를 겪는다. 어른들은 그때마다 격려와 응원을 보내야 한다. 청소년기까지는 실패를 당연하고 자연스럽게 받아들이도록 하여 다음 도전에는 같은 실수를 반복하지 않도록 하기 위해서다.

사업도 마찬가지다. 한 번에 홈런을 치듯이 처음부터 성공할 수도 있다. 그러나 대부분의 사업은 몇 번의 실패 후에 성공한다.

사업실패의 원인을 알고 나면 앞으로 다가올 위기를 예측하고 빅데이터를 활용할 수 있어서 더욱 보석 같은 기업으로 성장 동력을 확보할 수 있다.

아파서 고생을 해본 사람이 건강도 잘 챙기고 사랑도 실패해본 사람이 사랑의 숭고함을 깨닫듯이 사업도 여러 번 실패를 맛본 사람만이 성공의 정상을 오랫동안 지킬 수 있는 것이다.

필자는 부동산업으로 한 방의 홈런과 히트를 여러 번 쳐서 가난한 유학생활을 3년 만에 벗어날 수 있었지만 당시에는 아는 지식이 부족했다. 따라서 준비되지 않은 성공 뒤의 실패는 당연한 나의 몫이었다.

지금 돌이켜보아도 천지분간을 못 하고 오만함과 졸부의 못난 모습이었다.

습관적으로 하루도 빠트리지 않고 술과 만찬으로 주말에도 고객과 지인들을 집으로 초대해서 흥청망청하게 파티를 열었다. 거부도 아니건만 골프 여행으로 따뜻한 지방과 해외로 다녔다. 돈을 벌어서 쓰는지 은행에서 부동산 담보로 대출을 받아쓰는지 분간이 안 되었던 것이다. 이자와 원금을 상환할 계획도 없이 막연히 돈만 수중에 있으면 된다고 생각했다.

'물이 빠져나가면 누가 수영복을 입지 않았는지 알 수 있다.'는 월엔 버프의 유명한 말이 떠올랐다.

시간이 갈수록 수입보다 지출이 많아서 은행대출을 갚아 나가기도 벅차기 시작했다. 소유한 주택 융자금도 이자 상환만으로는 더 이상 연장할 수 없도록 은행에서 압박을 했고, 상업용 건물들도 융자금 일시상환으로 은행은 계약을 서둘러 바꿨다.

1987년 10월 19일, 미국 증시의 하루 하락폭이 지금까지도 그 기록이 깨지지 않은, 최악의 사건인 '블랙 먼데이'로 미국과 전 세계 경제가 일시적으로 마비되었다.

기적같이 마련한 롱아일랜드 바닷가의 내 저택도 은행 이자율 상승으로 기존 변동 월페이먼트가 인상되기 시작했다. 그러자 시간이 지나면서 마침내 융자금을 상환할 수 없는 상황이 다가왔다.

순식간에 사업도 멈추었고 수입도 끊겼다. 주거래 은행은 인정사정없이 상환계획을 제출하도록 했으며 이행하지 못할 경우에는 부동산 차압 통고를 하겠다고 알려왔다.

회사 운영 경비와 직원들 급료도 줄 수 없어서 이리저리로 지인들과 투자 수익을 상당히 챙겨줬던 고객들에게 단기자금을 빌리러 사방팔방으로 다녔지만 허사였다. 당장 생활비 마련도 어려웠고 엎친 데 덮친 격으로 아들의 사업실패를 안타깝게 지켜보시던 아버지의 급작스런 부음은 모든 것을 예측 불가능한 시계 제로 상태로 만들어버렸다.

아버지를 뉴욕 롱아일랜드 파인론 묘지로 모시고 나서는 차마 어머님을 뵐 면목이 없었다. 겨우 미국으로 모셔와 어머니와의 추억을 제대로 만들기도 전에 아버지는 저 세상으로 가신 것이다.

장례식장엔 주거래 금융권과 채권자들도 얼굴을 볼 수 있었다.

하루하루를 지루하게 공포와 두려움 속에서 살아야 했다. 죽마고우들도 연락을 피했다.

심지어 회사직원으로 함께 한 고등학교 동기는 고객을 빼돌려 자기사업을 차리는 준비를 오래전부터 하고 있었다.

나는 심한 두려움과 공포로 은행으로부터 연락을 거부하고 잠적했다. 어떻게 해야 좋을지 몰랐고 두렵고 무서웠다. 대학 졸업 후 처음으로 사회에서 겪는 처절한 실패였다.

아버지를 여의신 어머니도 심한 독설을 서슴지 않았다.

'그렇게 일을 벌이고 다니면서 돈을 물 쓰듯 하니 망하지 않는 게 이상하지.', '학교 마치고 귀국해서 대기업에 취직하여 경력을 쌓고 사업을 해도 성공을 할까 말까인데 돈도 백도 없이 외국에서 무모하게 사업을 했으니 당연한 결과이다.'라고 하셨다.

남편과의 갑작스런 사별이 현실적으로 감당하시기가 어려워서 자식에게 원망을 쏟아내셨다.

차라리 어머니의 독설이 나를 냉정하게 만들었다.

어린 두 아들과 나만 믿고 미국으로 건너와 온갖 고생을 한 아내를 위해 다시 시작해야 했다. 먼저 매를 맞으면 고통과 두려움으로부터 벗어날 수 있다고 생각했다.

먼저 은행으로 무거운 발걸음을 돌렸다.

내가 잠적하자 은행 내에서는 소문이 횡행했다.

'재산을 정리해서 빼돌렸다, 파산을 준비하려고 잠적했다, 다른 지방의 부동산과 자산을 처분해서 현금을 빼돌렸다.'는 소문이 꼬리를 물고 계속 퍼져나갔다.

결국 나의 출현으로 은행은 내 행적과 대출금의 상환계획을 제출토록 했다.

무지해도 너무 무식할 정도로 무지했다.

한국에서는 부도가 나면 수배를 받고 구속되지만, 미국에서는 고의의 사기성 부도가 아니면 구속되지 않는다. 또한 연방법으로 기업의 존폐와 자금조달에 위기가 발생할 경우 파산을 신청해도 중범으로 취급하지 않을 뿐더러 법원으로부터 자산과 부채를 동결받게 되어 파산으로부터 기업의 회생을 돕는다는 사실을 전혀 몰랐다.

나는 은행수표가 부도 처리되어 구속수사 되는 줄 알고 잠적했던 것이었다.

은행에서는 파산과 원리금 유예 방법을 절대 알려주지 않는다. 부채조정이라고 하여 원금을 감면해주며 이자를 제로로 동결시켜주는 프로그램도 있었다.

미국 대형 은행도 알려주지 않는데 하물며 한국에서 파견 나온 현지법인 은행이 알려줄 리가 없다.

나는 회사자산의 동결과 부동산 차압으로 모든 것을 잃고 나서야 깨달았던 것이다. 내 20대 후반, 금융의 무지가 일전 한 푼 없는 알거지로 전락시켰다.

'소 잃고 외양간 고친다.'는 우리 속담이 있다.

나는 소 잃고 외양간을 고쳤다.

시간을 갖고 학교에서 배웠던 이론경제보다 실물경제와 금융을 공부하기 시작했다. 부동산도 여러 각도로 배우기 시작했다. 부동산 중개업만 할 것이 아니라 직접 작은 개발 사업에도 뛰어들었다. 파이낸싱 프로젝트에도 관심을 갖고 시행했다. 종자돈 없이도 부동산을 매입하는 세미나와 컨퍼런스에 참석했다.

이때의 뼈저린 실패경험과 금융 및 부동산 공부로 20년 후 드디어 나의 3전 4기의 발판을 마련했다.

미국 대형 금융기관들의 파생상품인 서브프라임(비우량 주택담보융자대출) 사태로 인한 2008년 글로벌 경제위기 때 연방정부가 강제적으로 두 개의 대형 국책 주택담보기관(페니매 그리고 프레디맥)의 주식을 연방 준비제도(우리나라의 중앙은행인 한국은행에 해당)의 자

본을 투입하여 100% 인수하게 된다. 그리고 대형은행들을 통폐합
시키고 원리금 상환 유예와 원리금 삭감까지도 강제적으로 진행시
켰다. 대형은행들은 일시적으로 반발했지만 생사여탈권을 연방정
부 재무부가 갖고 있는 한 어쩔 수 없이 손해를 보면서까지 정부시
책을 따랐다.

시행 후 수년이 지나서야 대형은행들은 자기자본율이 과거보다
훨씬 좋아져서 더욱 좋은 조건으로 대량의 자본을 유치한 사실을 알
게 되었다.

이를 두고 '비 온 뒤에 땅이 더 단단해진다.'고 느꼈다.

내 경우도 엄청난 규모의 수입이 발생했고 소유하고 있던 여러 채
의 주택융자금 이자율 조정과 원금삭감도 받았다. 물론 돈도 벌었지
만 금융과 부동산 지식의 습득으로 새로운 사업 아이템이 추가되었
던 것이다. 오랫동안 잊고 있었던 내 회사에 대한 꿈도 다시 꿈틀거
렸다.

세 번의 실패 후
시골로 숨어들다

　아버지의 갑작스런 비보에 충격을 받아 한동안 두문불출했지만 은행과 채권자들의 요구로 회사를 정리했다.

　100여 명의 직원들도 무능한 오너 때문에 아무런 통보 없이 해고됐다.

　정말 제대로 얼굴을 들고 다닐 수도 없었고 창피했다. 어머님 그리고 동생들과도 3년간 왕래가 없었다. 아내는 아이 둘을 챙겨 나몰래 어머님께 다녀오곤 했다.

　은행과의 자산과 부채정리도 시간이 상당히 흘렀다. 정리가 되기 전에는 아무 일도 할 수 없었다. 일주일에 두 번씩 은행에 나가서 눈도장과 대출금의 사후관리 보고서를 제출해야만 했다.

　점심값도 없어서 굶기도 했다. 어느 날은 점심시간에도 은행에 있는 내 모습이 처량해 보였는지 은행 내의 담당자가 가끔 점심식사를 같이하며 식대를 지불하기도 했다.

제대로 사는 것이 비정상이었다. 은행에 다녀온 날에는 죽음이라는 극단적인 선택을 종종 하기 시작했다. 모멸감을 참고 사느니 죽음을 택하는 것이 좋을 듯싶었다.

그러던 어느 날 정신을 차리게 되었다.

회사를 정리한 후 집에서 지내는 시간이 많은 나에게 초등학교 1학년인 둘째 아이의 질문으로 시작되었다.

'아빠, 왜 회사 안 나가?'라는 질문에 아무 생각이 나질 않았지만 아이에게 사실을 말했다.

'회사가 어려워서 그만하고 집에 있는 거야.'

그때 첫째 아이도 옆으로 다가왔다. 첫째 아이는 듣고만 있었고 둘째는 자기 방으로 갔다가 다시 나오더니 그동안 저축했던 20불을 나에게 주었다.

작은아이가 '이 돈으로 다시 회사 만들어.'라고 말하는 순간 그만 내 가슴이 무너져 내리고 말았다.

매일 저녁 혼술로 늦은 밤을 홀로 보내며 주위의 사람들을 원망했었다. 새벽녘까지 흐릿하고 몽롱한 채로 새로운 사업 구상을 했다가 다음 날 늦은 아침에 일어났고 새벽까지 수없이 쌓았던 모래성 부수기를 3년간이나 지속했었다. 그러다 둘째 아이의 한 마디가 수렁에 빠져서 허우적거리고 있는 내 영혼을 깨워 주었다. 표현도 제대로 못 하고 속으로만 담고 있었던 큰아이도 동생과 똑같은 심정이었으리라.

큰아이의 외적 모습은 아내를 닮았고 내적으로는 내 성격을 닮고 태어났다. 지금은 뉴욕 맨해튼에서 살고 있는 큰아이는 시간만 나면 지금도 어릴 때 살던 롱아일랜드 바닷가 집을 방문한다고 한다.

얼마 전 하와이에서 결혼을 해서 뉴욕 맨해튼에 보금자리를 마련했다.

우리 아이들은 여유롭고 행복했던 뉴욕 롱아일랜드의 어린 시절을 잊지 못하고 있는 것이다.

이제까지 나의 관점에서 사회와 주위의 무관심으로 내 사업이 무너졌다고만 생각했었다. 모든 것이 분하고 억울하다고 여겼다. 사업을 한답시고 아내와 아이들에게 남편과 아빠의 역할을 제대로 하지 못했던 나를 발견하고는 과거 나의 어린 시절의 힘들었던 아버지의 모습이 오버랩되었다.

할아버지의 재산을 큰아버지 한 사람의 방탕으로 나머지 동생들의 생활까지 아버지의 몫이 되어 경제적으로 힘들었던 나날이었다. 따라서 집안의 장손인 나는 군 생활 중 독립을 결심했고 제대 후 뒤도 돌아보지 않고 유학을 가기 위해 복학 후엔 밤낮없이 공부만 했던 것이었다.

힘든 날들을 보내면서도 기회를 찾아 이리저리 수소문을 했지만, 새로운 사업기회는 태평양을 건너서 고국으로부터 날아왔다.

1993년 8월 초부터 11월 초까지 대전 엑스포 행사를 위해 세계불꽃놀이 외국팀 섭외 제안을 받았다. 매주 토요일 밤, 음악에 맞춰 다양한 불꽃놀이를 선보이는 행사를 H 주관사로부터 수주를 위임받은 것이다.

한국정부는 서울이 아닌 지방에서 처음으로 열리는 국제행사를 성공적으로 마치기 위해 민관 합동으로 동분서주하며 준비를 해오고 있었다. 행사를 앞두고 급하게 정해진 불꽃행사 외국팀의 섭외가 시간적으로 불투명해서 주최 측이 결정을 보류했다. 불가능하게만 생각했던 외국팀 섭외를 민간기업의 설득과 노력으로 막판에 수주를 허가했다.

그 당시 처제와 결혼한 지 얼마 안 된 H 주관회사에 근무한 동서의 지원으로 부서 팀장과의 뉴욕 미팅이 성사됐다. 뉴욕 미팅은 성공적이었고 서울로 들어가서 담당 임원과의 최종 미팅을 했다.

당시 세계의 경제상황을 고려한다면 엄청난 계약을 체결한 것이다. 지금에 이르러 뒤를 돌아보면 전혀 경험도 없었는데 어디서 무식할 정도의 용기가 생겼는지 당시를 떠올리면 아찔할 정도였다.

아내와 아이들의 얼굴이 겹쳐 지나갔다. 거짓말이라도 해서 계약을 따내야 할 정도의 경제적 상황이었고, 작은아이의 전 재산 투자를 망칠 수 없었다.

행사계약을 마치니 하늘로 날아갈 듯한 심정이었다. 뉴욕으로 돌아오는 비행기에서 승무원에게 '맨해튼' 칵테일을 주문했다.

지금까지도 출장 시 비행기 내에서 그리고 재즈클래식 음악이 있는 레스토랑에 가면 어김없이 맨해튼 칵테일을 주문하는 습관이 몸에 배었다.

나는 다시 내 회사의 역사를 만들고 싶었다. 모든 사람과 사물이 새롭게 느껴졌다. 어릴 적부터 모든 것이 나로부터 시작해야만 직성이 풀리는 성격이다 보니 재기의 시간도 많이 걸렸다.

3년이란 세월이 억울하기도 했지만 나에게도 문제가 있었던 것을 발견한 시간이었다. 독선적이고 남의 의견을 경청하지 않는 자신을 발견했다.

대전 엑스포 기간 동안은 순조롭게 그리고 여러 단체들과 협력했다. 특히 주관회사와는 미래의 컨소시엄 사업구상과 수출입 거래 활성화를 위한 업무협약을 체결했다.

엑스포 행사 기간 도중에 주관회사 담당 임원과 부서장을 수행하여 중국 여러 도시에 출장도 다녀왔다. 대만계 미국인과 함께 의형제도 맺으면서 주관사에게 중국의 제품을 값싸게 공급받도록 최대한의 노력을 기울였다.

그런데 어느덧 대전 엑스포 행사가 막바지에 이르고 있었을 때 왕따를 당하고 있다는 느낌을 받았다.

워싱턴 근교에 회사가 있고 의형제를 맺은 대만계 미국인 짐 쉬(가명), 그리고 중국에서 공장을 갖고 있는 짐의 가족들과 한국의 주관사인 H사의 직접 계약으로 그동안 열심히 공들인 사업에 먹구름이 드리웠다.

주관사 담당 팀장의 승진 욕심과 부서 내의 경쟁심화로 예상치 못한 유탄을 맞고 말았다. 대기업의 생태를 듣고 전해만 들었던 당시의 나는 다시 심하게 일그러졌고 원망만 커지고 어떻게 대처해야 할지 고민했다.

대전 엑스포 행사는 지방에서 유치한 국제행사로서 경제이익이나 흥행 등 두 마리의 토끼를 잡는 데 성공했다. 어렵게 고국까지 들어와서 재기한 사업인데 다시 무너질 수는 없었다. 가족을 멀리 두고 혼자서 다시 시작한 사업인데 여기서 물러설 수는 없었다.

모든 계약이 소용없었다. 그들은 대기업이었고 외국과의 거래도 이중으로 작성하는데 교포 한 명쯤이야 우스웠을 것이었다.

그러나 분하고 억울해서 가만히 있을 수만은 없었다.

이제부터 인맥들을 활용해서 앞으로의 사업을 준비하기로 했다.

'궁하면 통한다.'는 말이 떠올랐다.

정부는 대전 엑스포 행사가 끝나면 민간 기업에 운영권을 위탁경영하기로 되어 있었고, 중견 교육기업으로 한창 성장하고 있었던 D 기업이 위탁기업으로 내정되었다.

나는 발품을 팔고 그동안 쌓아온 인맥을 활용했다. 내정된 D 기업 대표이사와 실무 담당임원을 만나서 앞으로 사업 아이템 종류와 해외 이벤트의 국내도입을 기획했다. 그리고 마침내 공개입찰에서 국내 최대 대행사와 엑스포 재개장 행사를 어렵게 겨루어 따내는 쾌거를 달성했다. 겨울철 기획 행사로 엑스포 행사장 최고의 높이로 대전시가 내려다보이는 '한빛탑' 크리스마스트리 전시권도 거머쥐었다.

이후 내 이름은 국내 이벤트업계의 이단아로 불리기 시작했다.

당시의 국내 사정은 아직 글로벌화라는 단어가 생소했고 이벤트에 돈을 들인다는 자체를 이상하게 생각하는 시대였다.

도망가는 생쥐도 피할 길이 막히면 오히려 고양이에게 덤벼든다고 한다. 어차피 엑스포 행사의 H 주관사도 해외 영업의 어려움으로 나를 선택했던 것이다.

어려운 상황에 있었던 나에게 손을 내밀었던 H 주관사를 고맙게 생각했다. 또한 사업으로 은혜를 갚아야 한다고 생각했다. 한 방향으로만 생각을 하다 보니 힘들었고 동서가 근무하는 기업이어서 더욱 힘들었지만 나를 중간 단계에서 배제시키고 단독수입 계약을 체결한 대기업의 관행이 앞으로도 계속 안 되리라는 보장이 없었다.

따라서 철저하게 H 주관사를 배제한 체 불꽃놀이 행사와 전시 이벤트도 사업 영역을 확장했다. 위탁경영 회사인 (주)엑스피아 월드를 설득하여 제1회 세계불꽃놀이 경연대회를 엑스포 과학 공원에서 개최하기로 했다. 그리고 계약을 한 후 한국에 법인을 설립했다.

회사는 미친 듯이 성장했고 나의 존재가 바로 회사였다.

당시 세계적으로 인기 있는 아이템이 이벤트 사업이었다. 놀고 싶으면 홍콩으로 가서 쉬었다가 들어왔고 2주마다 미국과 한국을 오고가고 했다. 여름과 겨울 방학 때는 아내가 아이들을 데리고 한국으로 들어와서 외롭지 않았다.

처음 사업실패 후 술로부터 자유롭지는 않았지만 책도 가까이 할 수 있었다. 아내의 헌신으로 중학교부터 군에 입대 전까지 가졌던 종교로 다시 귀의하게 됐다. 무신론자였던 아내를 교회로 이끌면서 종교적 자존감이 강했던 나였다.

실패 후 어느 날 뉴욕에서 섬기던 교회의 목사님으로부터 독서를 권유받으면서 세계 제일의 베스트셀러인 '성경'을 한 번도 읽은 적도 없으면서 무슨 사업을 하느냐고 했다.

나로서는 충격적인 사건이었다. 그동안 설교를 들으면서 구절들을 암송하기도 하고 눈에 들어오는 말씀만 읽었지 제대로 정독이나 통독을 한 적은 없었다.

'성경'을 읽고 또 읽었다. 또한 책을 읽기 시작했다. 밤을 꼬박 새우고 읽다가 그대로 잠든 적도 많았다. 이렇게 인생과 사업에 도움이 되는 책을 읽지 않았던 과거의 내 모습을 인정하기가 어려웠다.

1년이란 기간이 지나서 1994년 10월 중순부터 제1회 세계불꽃경연대회 참가국들의 화약들이 부산으로 입항했다.

모든 것이 순조롭게 진행되는 듯했다. 미국에서의 사업실패가 오히려 더 좋은 조건과 기회로 다가왔다고 생각했다. 하늘은 창업을 꿈꾸는 나를 잊지 않았다고 자부했다.

그러나 어찌 상상이나 했으랴.

1994년 10월 21일 오전 7시 48분, 서울 성수대교 붕괴사고가 발생했다. 온 나라의 축제 행사가 올 스톱되는 순간이었다. 앞이 캄캄했고 오금이 저렸다. 나와 가족은 다시 암흑세계로 들어섰다.

외국과의 계약서에는 자연의 천재지변이나 국내의 내란과 전쟁 외에는 계약을 취소하게 되면 위약금을 지불해야 한다고 명기되어 있었다.

성수대교 붕괴는 당연히 자연재해가 아니었지만 정부의 눈치를 보던 행사담당부처와 엑스포 위탁경영 기업에서는 행사 며칠 전에 전격적으로 취소 발표를 했다. 그리고 외국업체들의 행사 불이행에 대한 소송이 이어졌다.

두 번째의 죽음도 그리 멀게 느껴지지 않았다.

이제 모든 것을 정리해서 한국을 떠나기로 결정하였다.

모두가 언제 그랬냐는 듯이 소 닭 쳐다보듯 했다.

국내 최고의 대기업 계열사인 C 광고대행사를 제치고 엑스포 공원 재개장 오프닝 행사를 맡게 된 것이 업계의 빈축과 반발을 초래했던 것이다. 열정과 노력으로 얻었던 성과였지만 그 업계에서는 혜성같이 나타난 나를 낙하산으로 여기고 있는 것 같았다. 실력도 중요하지만 업계의 관록도 무시할 수 없다는 것도 그때 깨닫게 되었다.

서울에서의 2년 동안 부동산이 아닌 이벤트 사업으로 돈을 벌었지만 빚도 계속 늘어났다. 행사를 진행하면서 우선적으로 운영자금이 필요했다. 수주 계약을 해도 관행으로 10%를 받고 행사도중에 형편에 따라 조금씩 받게 되어 항상 자금에 문제가 있었던 것이다.

미국 시민권자인 나에게 국내 은행권으로부터 대출을 받는 것이 당시에는 어려움이 많았다. 아직까지도 금융이라는 사업 아이템이 나에게는 멀게만 느껴졌다.

그러던 어느 날, 서울에서 쌓았던 인맥으로부터 한국 홈쇼핑 채널의 여성 뷰티 납품업체의 미국 판권 및 투자금 전액을 제안받게 되었고 다시 뉴욕으로 향했다. 마침 한국의 공중파 방송국의 미주법인들이 모두 영업을 확장하고 있었던 시기였고, 나는 이제 뉴욕에서의 홈쇼핑 사업을 시작했다.

처음으로 정규방송을 통하여 여성뷰티제품의 광고를 내보내기 시작하면서 주문이 쏟아지기 시작했다. 미국 전 지역에 퍼져 있는 도매와 소매업소에서도 물건을 취급하고 싶다는 연락이 온 것이다.

내 생각에도 다시 미국으로 복귀한 절묘한 타이밍이었다. 마이다스의 손이 따로 없었다.

미국은 50개 주로 형성되어 있다. 따라서 50개 개별국가로 인정해도 될 만큼 광활하고 소비문화가 대세이다.

지금이야 고객들이 아마존의 인터넷 온라인 유통구조를 선호하지만 당시에는 월마트처럼 매장에 아이템을 전시하고 방송으로 홍보를 해야 고객들을 유치할 수 있었다.

그리하여 나는 매출을 올리기로 결정하고 물건을 외상으로 납품하기 시작했다. 한국에서는 더 이상 외상으로 물건을 내보낼 수 없다는 통보가 왔다. 서울 회사에서도 운영자금과 제품 투자금이 턱없이 부족했기 때문이기도 했다.

나는 사채를 끌어다 물건 대금을 보냈고 지방의 도매업체와 소매 체인에 상당한 제품을 보냈다.

제품은 없어서 못 팔릴 정도였고 금방 벼락부자가 될 것 같았다.

서울에 체류했던 지난 2년이란 세월을 한스러웠다.

'송충이는 솔잎을 먹어야 한다.'란 말이 나를 두고 나온 말 같았다.

그런데 그렇게 반년이 지나가자 새로운 제품과 경쟁업체의 등장으로 판매가 부진해졌다. 지속적으로 판매가 될 줄 알고 새로운 제품 개발을 미루었던 이유와 기존 제품의 판매부진으로 업체로부터 반품이 시작된 것이다.

자금운용을 위한 은행의 대출과 제품개발에 필요한 금융권의 개발지원금, 기업신용 자금 활용을 전혀 생각지 못했던 것이다.

한국에서 주위와 부모로부터 '빚을 지면 곧 망한다.'라고 귀가 따갑도록 들었다. 남의 돈을 쉽게 빌려도 갚기는 얼마나 어려운데 사업은 아무나 하는 게 아니라고 모두가 부정적인 발언을 해댔다.

학교에서 배웠던 경제는 무엇이란 말인가?

사회에 진출하여 학교에서 배운 대로 진행하면 무조건 실패하고 처절하게 망한다.

서울에서도 제품의 재고가 넘쳐나고 이미 수출된 제품은 반품도 안 되니 진퇴양난의 처지에 있었다. 조상과 부모도 원망해 보았다. 그렇다고 손 놓고 있을 수도 없었다. 높은 은행문턱을 넘어 들어갔지만 망해가는 회사의 재무구조와 집 한 채도 없고 신용상태도 불량인 나에게 대출해줄 은행은 뉴욕 어디에도 없었다.

세 번의 실패로 정신과 육체는 갈팡질팡 제멋대로였다.

하늘을 바라보며 내가 무엇을 잘못했는지 따져보았다.

새벽에 교회로 정처 없이 달려갔다. 그리고 어느 정도 원망이 가라앉았을 때 하늘과 영혼의 교감을 맛보게 되었다.

하늘과 나의 대화가 시작되어 어느새 나의 잘못을 깨달았고 마음을 비워야 했다. 모두 나로 인해 실패했고 내 죄가 그리 큰데 누구를 탓할 수 있으랴?

성경으로 영혼의 위로를 받고 책을 쌓아놓고 읽기 시작했다.

차일피일 미루며 게을리한 금융과 부동산의 지식을 닥치는 대로 독학했다. 3~4년 동안 성경과 인문학, 금융 및 부동산 관련 서적을 읽고 또 읽었다.

지난날의 잘못을 인정하고 잊으면 되지만 책을 손에서 놓지 않은 것은 두고두고 하늘에 감사를 드리고 있다.

잠시 먹고 살기 위해서 미국 유명 K 프랜차이즈 회사의 부동산 개발 부서의 아시안 담당으로 2년간 일을 했다.

미국 서부의 캘리포니아주, 본사가 있는 애리조나주, 텍사스주, 교민들이 많이 살고 있는 동부의 뉴저지, 필라, 워싱턴 및 버지니아주 그리고 신흥지역으로 각광받고 있는 애틀랜타의 조지아주로 출장을 다녔다.

회사의 대표가 본사가 있는 애리조나주로 이주해서 캘리포니아주와 미국 서부를 담당해달라고 했지만 사표를 내고 새로운 희망의 도시인 애틀랜타로 이주를 준비했다.

그동안 독학으로 배우고 3년간 실무에 적용한 부동산과 금융을 적용해 부동산 개발과 임대업에 다시 한번 도전하고 싶었던 것이다.

40대 후반 다시 도전하기엔 늦은 감이 있지만 내 예측이 맞는다면 앞으로 부동산시장의 황금어장으로 성장될 미국 동남부의 최대도

시인 조지아주 애틀랜타로 낙향하기로 결정했다.

미국으로 유학 올 때는 그래도 부자였다.

지금은 돈 한 푼 없이 독학으로 귀동냥으로 배운 대로 100% 주택 융자와 주택수리비, 그리고 이주 자금지원까지 받아서 거주할 주택을 계약했다.

뉴욕으로 올라와서 아내에게 자초지종을 설명했다. 당연히 이해를 못 했지만 불의로 이익을 얻지 않았고 은행과 주택 매도인의 결정으로 발생한 정당한 자금이라고 설득했다.

네 번째 도전이 마지막이길 간절히 기원하면서 2005년 광복절 날 시골로의 낙향 생활이 시작됐다.

04 시련과 역경이야말로 인생 최대의 선물이다

인간이 만물의 영장이라는 데는 반론의 여지가 없다.

'성경'에서도 창조주가 인간을 신의 형상으로 창조하신 후 보기에 좋았더라고 말했다.

우리는 태어나면서부터 죽음에 이르기까지 수많은 시련과 역경 속에서 살아간다. 그러나 스스로가 경험해보지 않은 것들은 좀처럼 이해하거나 인정하지 않는다.

유아기까지는 부모의 도움으로 성장한다. 사리판단이 힘들어 부모의 말이라면 무조건 의지하고 신뢰하는 것이다.

청소년기에는 이마에 피도 마르지 않았고 학교에서 배운 것도 별로 없는데도 부모에게 무조건 반항한다.

부모들은 좋게 표현해서 '사춘기' 세대라 얼버무린다. 자녀들은 그럴 만한 반항의 항변을 한다. 부모의 이중성과 사회의 '선'과 '악'을 자신들의 입맛에 정리하여 자녀들에게 강요를 하기 때문이다.

자신들이 힘들게 살아온 부모는 자녀들만은 똑같은 인생경험을 시키기를 원치 않아서라고 대답한다.

그러다가 사회로 진출하면서 실패도 두렵고 성공도 쉽지 않다는 사실을 인정하지만 정답은 없다.

인간은 태어나서 기어 다니다 일어서면서 누구나 실패를 겪었다. 다시 일어서려고 몸부림치지 넘어진 상태로 움직이지 않는 아기들은 한 명도 없다.

부모도 그때는 도와주지 않는다. 스스로 일어서야 다시 넘어져도 다치지 않고 빨리 일어날 수 있기 때문이다.

학교공부는 상급학교와 대기업으로 진출을 위해서 존재하는 일종의 프레임에 맞는 제품을 생산하는 중간 과정이다. 더 높이 더 빨리를 외치는 것은 모든 사람들이 벼락치기 출세로 부와 명예를 얻기 위해서다. 거기에 권력까지 젊은 날에 손에 넣는다면 점점 인생의 내리막으로 치닫는다. 동시에 세 가지를 누렸던 절대 왕정시대의 왕들도 천수를 누리지 못했다.

그중에서 한 가지라도 제대로 챙겨서 자신의 꿈과 비전을 이루어 간다면 세상 살아갈 맛이 난다. 이 또한 작든 크든 시련과 역경 속에서 견디어 살아나야만 가능한 일이다.

미국에서는 1990년대 초반까지도 이민자 부부 중 한 사람만 직업을 가져도 여유 있는 생활은 못 해도 생활하는 데 커다란 지장은 없었다. 그러나 새로운 밀레니엄과 닷컴(월드와이드웹 기술)의 붕괴로 엄청난 화폐가치 절하에 부부가 풀타임으로 직업을 선택해도 생활하기가 힘들어졌다.

직업에는 귀천이 없다는 말이 무색할 정도로 노동집약적인 직업으로는 월세나 주택융자금을 내고 나면 저축은커녕 일 년에 한 번도 가족여행을 계획할 수 없는 상실의 세대로 전락했다.

내 경우도 별반 다르지 않았다.

세 번의 실패로 정신과 육체가 바닥을 찍고 땅속으로 묻히고 있었다. 무조건 성실하고 열심히 일만 하면 성공하고 부자가 될 줄 알았던 내 불찰이었다.

그럼에도 불구하고 실패 때마다 재기를 위해 새로운 사업 아이템은 시대에 부응했다. 사업계획도 나름대로 절묘했었다. 그러나 늘 혼자서 결정하였기 때문에 자아도취에 빠졌다. 고객의 관점에서 사업기획을 해야 했던 것이다.

제2차 세계대전을 승리로 이끌고 대통령으로 당선된 드와이트 아이젠하워는 '계획Plan하지 말고 기획Planning하라'고 조언을 했다.

수영을 잘하려면 수영코치에게 배워야 한다. 사업을 성공시키려면 성공한 사업가로부터 코칭과 멘토링을 받으면 성공할 수 있다.

시대가 변해도 너무 빠르게 변했다.

정작 변해야 될 나 자신은 오히려 뒷걸음질을 치고 있었다. 돈이 아까워 멘토링은커녕 사업 관련 세미나도 참석을 못 했다. 전문서적 및 관련기사도 읽지 않았고 오직 나의 직감만을 믿고 시행했다.

부동산 매물도 레버리지의 원리를 알면서도 망하면 원금도 회수

못 할 것 같아서 시행을 할 수 없었다. 자본도 넉넉지 않아서 말로는 레버리지를 활용한 부동산 투자를 늘려야겠다고 입버릇처럼 떠벌리지만 두려움으로 시작도 못 하고 주저앉는 나의 모습이 싫었다.

은행거래를 위해 계좌를 개설하고 신용카드를 신청해야 했다. 자영업이나 소기업의 상거래는 지역은행을 이용해도 별 문제가 없다. 오히려 지역경제를 활성화하고 은행 수수료를 상당히 절감하여 비즈니스에 도움이 된다. 하지만 금융기관들의 인수합병과 경쟁 그리고 글로벌 경제위기를 겪고 나서는 대형은행으로 옮겨가는 기업들이 많아졌다.

옮겼다고 해서 대형은행의 파격적인 혜택은 없지만 대형은행 금융 시스템에 맞추어 여수신 관리 및 금융거래 규정을 숙지하고 정해진 일정에 맞춰 실행한다면 각종 금융거래 혜택과 부의 시스템을 구축할 수 있다.

아기가 일어서기 위해 수백 번도 넘어졌다가도 왜 다시 도전하는 줄 아는가?

일어나 걷기 위해서다. 더 구체적으로 표현하자면 다시는 넘어지지 않기 위해서일 것이다.

사업에 실패하고 다시 재기에 도전하는 이유도 망하지 않고 성공하기 위해서다. 그런데도 정작 나는 세 번씩이나 실패를 했는데도 남의 탓만 떠올렸고 원인도 분석하지 못했다. 앞에서 이야기했던 것처럼 직감으로 사업을 했으니 망한 것이 당연했다.

나는 금융을 학교에서 학문과 이론으로 배웠고 실무 또한 무역과 부동산 거래로 많이 알고 있다고 생각했다.

그러나 나는 무지했고 한참 무식했다. 금융과 은행도 제대로 이해를 못 하고 있었다.

그동안의 경험으로 사업이 힘들고 어려울 때 금융기관을 두드리면 절대로 도움을 주는 곳이 아니라는 것을 알았다. 아니 거들떠도 안 본다. 금융기관의 특성은 사업이 번창하는 기업과 극소수의 고객 대상으로 각종 금융 혜택과 정보를 제공하여 수익을 창출해 내는 곳이다.

앞서 설명했지만 나는 뉴욕 정착 초기에 부동산과 무역업을 하고 있었다. 당시 주택과 상업용 건물이 몇 채 있었을 때 규모가 큰 뉴욕 금융기관에서 조건이 좋고 금리가 낮은 무담보 대출과 신용 및 기업 금융 서비스를 제공하겠다고 했다.

그때 나는 그들의 제안을 듣고 전문가의 도움을 받고 역제안을 했어야 했다. 거래하는 금융기관이 한국계 은행이어서 언어와 문화도 편했다.

그럼에도 나는 사업상 상도덕 그리고 같은 민족끼리의 애국논리로 뉴욕 로컬 금융기관의 제안도 들어보지도 않고 거절했었다. 그런데 정작 회사가 어렵고 힘들 때 주거래 은행인 한국계 은행은 대출금 상환을 강력히 요구했고 회사정리를 앞장서서 주도했다. 그때를 생각하면 지금도 땅을 치며 후회하며 반성하고 있다.

세 번의 실패 후 종일토록 성경만 읽고 마음을 가다듬어야 내일을 기약할 수 있었다. <신약성경> 로마서의 '우리가 환난 중에도 즐거워하나니 이는 환난은 인내를, 인내는 연단을, 연단은 소망을 이루는 줄 앎이로다.' 말씀을 되새기면서 인문학 서적을 읽고 금융을 공부하기 시작했다. 또한 신문의 경제관련 기사를 읽고 스크랩했다. 이는 벌써 21년째 지속적으로 해오고 있다.

내 스스로 시험 대상이 되어 금융기관 여러 곳에 테스트도 여러 번 해보았다. 신용상태를 좋게도 나쁘게도 만들고 금융거래 시의 문제점을 파악했다. 그리고 대출을 받아 상환과 미상환 시의 위기관리 대처 및 원리금 삭감 프로그램 협상을 통해 새로운 금융 시스템의 노하우를 얻을 수 있었다.

개인과 기업의 신용만으로 무담보 대출을 받을 수 있는 방법도 알아내 부동산 투자를 했다.

대단한 부동산 관련 선진 금융기법이었고 성공적이었다. 부동산 매입도 초기자본 없이 금융기관을 통해서 100% 융자로 진행했다.

자금 조달에 있어서 현금 유동성의 흐름만 끊기지 않으면 앞으로도 부동산 투자를 늘려갈 수 있다.

이제까지 나는 무엇을 알고 투자를 한답시고 폼 잡고 사업을 했을까? 학교와 사회에서는 왜 알려주지 않을까?

그들도 잘 모른다. 그리하여 알려줄 수도 없고 알고 있다면 쉽게 부자가 될 것이다. 대략적으로는 알지만 확신할 수 없어서 쉽게 덤벼들지 못했던 것이다.

사업을 시작하기 전에 먼저 2~3년 정도 금융과 부동산실무와 지식을 배우고 실행하면 성공의 가능성이 높다.

글을 쓰고 있는 내 자신은 세 번의 실패와 홀로 독학하고도 상당한 시간을 보내며 터득했다.

세 번째 실패 후에는 집과 동네 도서관에서 책만 읽었다.

따라서 아내와 아이들의 고생은 이루 말로 표현할 수 없을 정도였다. 실패 후 거의 2년 동안 집과 동네 도서관만 시계추처럼 왔다 갔다 했다. 오후에는 학교를 마치고 오는 우리 아이 둘을 데리고 공원과 동네에서 뛰기 시작했다.

아이들은 육상에 소질이 있었던 것이 아니라 어릴 적부터 아빠와 함께 해온 운동이어서 고등학교를 졸업할 때까지 학교 육상대표를 했다.

중학교부터 고등학교를 졸업할 때까지 큰아이는 중, 단거리로 작은아이는 허들과 장거리로 학교대표였다. 학교 정규수업을 마치면 다른 친구들은 좋은 대학에 입학하기 위하여 개인교습이나 학원으로 가는데 두 아이는 학교에 남아서 매일 육상 훈련을 하였고 주말에는 학교 및 지역대항 시합에 참가해야 했다.

사춘기의 우리 아이들이 아버지의 사업 실패로 인하여 방황하지 않고 꿋꿋이 제 몫을 당당히 해주어서 지금도 하늘에 감사를 드리고 있다.

미국에 거주하는 우리 교민들도 자녀들의 교육열은 고국의 부모들과 똑같은 생각을 갖고 있었다. 명문대학에 입학하기 위하여 친구들은 학원이나 개인교습으로 바쁜데 우리 아이들은 자신들의 체력단련으로 미래의 다가올 인생과정을 열심히 맞이하고 있었다.

언어와 문화 그리고 돈에 관한 시련은 미국에 오기 전부터 예견된 것이었다. 공부하려는 학문의 준비도 부족했지만 미국에 들어오기 전에 언어숙지와 문화에 대한 관심이 전혀 없었다. 특히 돈에 관해서는 유교문화 속에서 자라서 그런지 표현과 말문이 막혀서 답답했다.

돈을 화제로 삼아 이야기를 시작하면 경솔한 사람 취급을 하고 돈이나 구걸하는 사람으로 묘사하여 왕따를 시켜버린다. 뒤돌아서서는 돈 때문에 애걸복걸하면서 말이다.

나는 시련과 역경을 통하여 돈을 사실적으로 표현하기 시작했다.

돈 냄새는 구린내가 난다. 그렇지만 모든 사람이 돈 냄새를 싫어하지 않고 오히려 돈 냄새 맡기를 즐겨한다. 세 번의 실패 후 20년에 걸친 온갖 시련과 역경 속에서 금융지식을 통하여 돈을 관리하는 부자들의 전략과 습성을 배운 것은 인생 최대의 선물이었다.

스스로 부동산과 금융업이 생활의 놀이터요 일터가 되었다.

나는 일과 노는 데에 구분이 없어서 스트레스를 받지 않는다.

건강이 허락하는 한 혹은 내가 스스로 은퇴를 결정하기 전까지는 남에게 밀려나거나 노후를 전혀 걱정하지 않게 되었다. 놀고, 여행 중이라도 스마트폰만 있으면 여행지 어디에서도 업무처리가 가능한 세대에 살고 있다.

시간은 빛의 속도보다 빠르고 과학기술 분야의 제3차 컴퓨터 산업혁명은 순식간에 AI(인공지능), 빅데이터 그리고 블록체인의 제4차 산업혁명시대를 예고하고 있다.

가난은 무지로 인한
재난이다

05

뉴욕으로의 정착 결정은 아내와 나의 학업과 미래의 사업을 위해
서도 잘된 것이었다.

낮에는 슈퍼마켓에서 일하고 저녁에는 학교수업을 들었다. 피곤
하고 힘도 들었지만 돈을 버는 재미와 다국적기업의 꿈을 키우며 하
루하루를 특별하게 살았다.

80년대는 돈을 벌고 저축한 자금으로 사업을 해야 한다는 고정관
념이 자리 잡은 시대였다. 은행에서 대출이나 남에게 돈을 빌려서
사업을 하면 허황된 사람으로 비쳐지면서 주위에서 쑥덕거렸다.

우리 부모님들은 전쟁을 겪었던 세대였다. 땀을 흘려서 열심히 일
을 하면 성공한다는 공식이 통용되는 분들이셨다.

'콩 심은 데 콩 나고 팥 심은 데 팥 난다.'라는 말을 입에 달고 사셨
다. 그렇다고 잘못된 표현이라는 게 아니다. 콩 심었는데 팥이 자랄
수는 없다. 콩 심는 땅에 팥을 심어 재배하고 많은 양의 팥을 수확할

수 있다면 얼마나 좋겠는가. 예전에는 그러한 시도를 할 생각을 아예 못 했지만 요즘 나는 별별 생각을 하고 실패를 두려워하지 않고 진행한다.

태어나면서부터 가난하여 그것이 운명이라 받아들여 인정하며 살아가는 사람들의 모습을 떠올렸다. 순진하고 선한 사람들이라 여겼던 시대도 있었다.

육체노동을 정신노동과 비교하여 성스럽고 고귀한 직업이라고 표현했던 시절도 있었다. 그러나 점점 먹고 살아가는 데 노력한 만큼 얻게 되는 보상이 적어지고 가족을 부양하기가 어렵게 되었다.

학교와 사회에서는 아직도 일에는 귀천이 없다고 가르친다. 말로만 가르치니 허공에다 떠드는 격이다.

실제로 육체적으로 힘든 농사와 제조업을 직업으로 선택하지 않으려 한다. 모두가 돈 싸들고 힘든 육체 노동일을 하지 못하게 말린다. 대부분의 부모들도 이러려고 먹여주고 귀한 돈 들여 공부시킨 줄 아느냐고 타박한다.

사람들은 무식하면 용감하다고 말한다. 오히려 콩 심을 땅에 팥 농사가 가능한지 알아보고 수확을 많이 거두어 경제적으로 이익이 있는지 살펴서 새로운 도전을 한다면 힘든 농사도 귀해 보이기 마련이다.

가난한 이유가 따로 있었다. 기존 것을 답습해서 열심히 일만 하다 보니 경쟁자가 많다. 결국 남의 것을 베껴 모양만 살짝 바꾸는 것과 무엇이 다른가?

'강철왕' 앤드류 카네기는 '가난은 습관이다.'라며 명확한 계획이 없다면 부자로 가는 길은 험난하고 어렵다고 했다.

부자 되기는 어렵고 부자를 지키기는 더욱 어렵지만 가난으로 가는 길은 너무 쉽다.

학교를 졸업하고 사회에 진출하면 책하고는 남이 되는 현실이다. 물론 학창시절에도 입시제도의 영향으로 고전, 인문학은 물론 베스트셀러도 읽은 적이 언제인가 생각하는 사람들이 태반이다.

우리 속담에 '알아야 면장을 한다.'는 말이 있다. 이 말의 뜻은 행정기관의 장을 뜻하는 게 아니다. 한문 표현인 면장이란 담벼락을 마주하고 서 있는 것을 면하게 해준다는 뜻이다. 담벼락을 마주한 것처럼 견문이 좁고 답답한 상태를 벗어나게 한다는 뜻이며, 지식도 키우고 견문도 넓히라는 의미가 담겨 있다.

가난도 단단한 성벽이 아닌 이상 무너뜨릴 수 있다. 그렇지만 쉽게 가난을 벗어나려고 발버둥 치면 칠수록 손목에 채워진 수갑처럼 더욱 조여지듯이 빠져 나오기가 힘들다. 하루라도 빨리 현재의 가난을 진단하여 벗어나야 한다. 가난을 벗어나려면 다음과 같이 전략적으로 접근해야 한다.

첫째, 내가 싫증내지 않고 진정으로 행복하고 즐거운 직업인가?
둘째, 노동과 시간대비 소득이 높고 노후에도 할 수 있는 일인가?
셋째, 세상에서 재미있고 문제가 생겼을 때 잘 해결할 수 있는 일인가?

그러나 준비하는 시간과 사람에 따라서 짧을 수도 오래 걸릴 수도 있다. 절대로 지금 하고 있는 일을 병행해서 동시에 진행할 수 없다. 어느 정도의 시간이 지나 만족할 만한 수입과 지식을 갖추는 기간이 지나면 수십 가지의 사업을 동시에 진행할 수 있는 능력을 갖춘 사업가로 변신할 것이다. 그때를 기다렸다가 관련된 수십 개의 사업을 해도 늦지 않는다.

나는 뉴욕에 살면서 먹고 사는 것 때문에 여러 곳을 기웃거리며 금융 세미나와 부동산 포럼에 시간이 있을 때만 참석을 하고 공부를 했다. 책도 열심히 읽었지만 한 권을 보는 데도 며칠씩 걸려서 처음에 읽었던 내용이 기억나질 않았다. 결국 죽도 밥도 안 되어서 가난을 벗어날 수 없었다.

그리하여 아내를 설득했고 아이들에게도 당분간 아빠로서의 역할을 잘 수행할 수 없다고 선언했다. 아내는 그럭저럭 이해를 했지만 아이 둘은 이해를 시키는 데 시간이 꽤 걸렸다.

외부와의 단절된 3년을 책과 전문서적을 끼고 씨름하며 과거의 수박 겉핥기식의 금융과 부동산 지식을 제대로 배우기 시작했다. 그리고 배웠던 것의 연습과 검증이 필요했다.

이론과 실무에 전문가라 자칭했던 과거의 내 실력은 형편없었다. 지난 세 번의 실패를 떠올리면서 동시에 두려움도 엄습해왔다.

그러나 가난은 나의 무지로 시작된 것이지 사회와 남 탓이 아니라는 사실을 증명해 보여야 했다. 누구를 시험 삼아 숙지한 내용을 검증해야 했다.

하지만 모두가 내 제안을 단호히 거절했고 만나주지도 않았다. 형제와 가까운 지인들도 나의 설명에는 수긍하는 기색이지만 선뜻 동의하지 않았다. 답답하다 못해 내 자신 스스로가 무기력해졌다.

결국 버티다가 주택과 건물을 압류당해서 신용불량자가 되어 있는 나를 대상으로 실험을 해야 했다.

신용카드는 오래전에 정지되었고 대형은행 계좌도 동결되어서 시작하는 데 무척 힘이 들었다. 그러나 금융서류를 분석하다가 우연히 아내의 신용상태를 면밀히 확인하고 작은 희망을 발견했다.

뛸 듯이 기쁘기도 했지만 지난날의 나의 무지와 오지랖을 비웃었다. 내 처지가 멍청하고 분하고 억울해서 엉엉 소리 내고 눈물을 펑펑 쏟아냈다.

부동산을 매입하고 금융기관에 담보대출로 융자를 받을 때 아내의 이름도 공동명의로 명시한 줄 알았다. 당시엔 잘 모르기도 했고 부동산 매매를 끊임없이 할 것 같아서 부동산의 등기부 등본에 아내의 이름을 올리지 않았었던 것 같았다. 모든 서류엔 내 이름만 기재되어 있었다.

등기부 서류를 두 눈으로 확인한 순간 머릿속에서는 상상의 날개가 펼쳐졌다. 아내의 신용은 망가지지 않았고 신용등급도 상상했던 것보다 높았다. 신용카드도 공동명의 카드Joint Card가 아니었다.

아내는 부채에 대한 책임은 없고 나의 신용한도액 내에서 사용이 가능한 신용카드Authorized User를 갖고 있었던 것이었다.

그동안 수년간 바보같이 아내 명의로 금융거래와 신용카드를 이용하지 못하고 지인들과 형제들에게 아쉬운 부탁만 했던 나의 무지가 뼈저리게 가슴에 사무쳤다.

다음 날 로컬 은행으로 달려갔다. 그리고 아내의 명의로 다시 대형은행과 금융기관에 계좌를 열었고 신용카드도 신청하여 발급받았다.

하늘로 날아오를 수 있을 것 같았다. 타국에서 처음으로 하늘 냄새를 마음껏 맡았다. 수중엔 돈이 한 푼도 없었는데도 배도 든든했고 가슴도 뿌듯했다.

'더 많이 생각할 것이 아니라 다르게 생각해야 한다.'는 앨버트 아인슈타인의 명언을 떠올렸다.

불행하게도 가난을 벗어나지 못하는 사람들의 특징은 조금만 힘들면 핑계를 대거나 틈만 나면 곤경을 빠져나갈 궁리만 한다. 일시적인 수입 감소와 새로운 기술을 배우는 것을 두려워하기도 한다.

한 번뿐인 인생을 가난 속에서 생각지 말고 새롭고 남들이 생각하지 않는 각도에서 바라볼 수 있어야 한다.

애플의 창업자인 스티브 잡스는 '다만 다르게 생각해야 할 뿐이다.'Think Different라고 슬로건 캠페인을 성공시켜 세계 매출 1위의 기업을 일구었다.

주거래 은행, 변호사, 회계사, 심지어 존경하며 따랐던 선배 기업인들조차 이런 사실을 알려주질 않았다. 지금에 와서 생각하면 당시 그들의 모습과 표정으로는 그러한 지식을 전혀 알지 못하고 있는 것 같았다.

사업실패 후 나는 일종의 살생부를 갖고 있었다. 다시 재기에 성공하면 나의 파멸과 관계되는 기업과 개인의 동선을 파악하기 위해서였다.

나의 멸망을 지켜보면서 사업이 승승장구했던 지인들 그리고 나의 간절한 애원과 도움을 외면했던 금융기관들은 내 행동과 관계없이 2008년 전 세계 글로벌 경제위기 때 스스로의 몰락소식을 신문기사로 확인할 수 있었다.

아이러니하게도 입장이 바뀐 것이다.

젊어서 실패는 돈 주고도 못 산다고 했다.

나는 30대 초반부터 40대 중반까지 세 번이나 사업에 실패했지만 마침내 재기에 성공했다.

'인생지사 새옹지마'(좋은 일이 있으면 나쁜 일이 있고 나쁜 일이 있으면 언젠가 좋은 일도 생기게 마련이다.)라는 고사성어가 새삼스레 생각났다.

일본의 대기업 중에 하나인 파나소닉 창업자인 '마쓰시타 고노스케'는 세 가지 성공의 비결을 가난과 무지에서 발견하였다.

세 가지 성공의 비결의 은혜란 다음과 같다.

첫째, 가난한 집안에서 태어났기 때문에 부지런히 일해야 살 수 있었다.

둘째, 약하게 태어났기 때문에 건강의 소중함을 깨달아 90세까지 건강을 유지하고 기업경영을 했다.

셋째, 초등학교도 졸업하지 못했기 때문에 이 세상의 모든 사람을 멘토로 삼았다.

나는 더 이상 남들과 세상을 비난하지 않았다. 사회를 비관하거나 어렵고 힘들다는 이유로 나의 꿈을 포기할 수 없었다. 내 무지를 발견한 후에는 내 자신이 변하기 시작했다. 공부하는 것이 일하는 것보다 재미있게 되었다. 놀고 여행하면서 돈 버는 것이 생활화되었다.

하기 싫은 일은 남에게 아웃소싱을 했고 일부러 바쁜 시간을 쪼개 아내와 출장 겸 여행을 떠나기도 한다. 아내와 함께하는 시간이 지나면서 고객들에게도 훌륭한 마케팅 전략으로 보였다. 매출도 크게 증가해서 아내와의 각종 특별한 여행도 일 년에 여러 차례 다닌다.

'꿩 먹고 알 먹고'가 따로 없다. 힘든 가난은 나의 무지로 인한 재난이었지만 나의 3전 4기 노력과 변신으로 극복할 수 있었다.

학교공부가 아니라
인생 공부를 하다

❧

우리 주위에는 살아오면서 의사의 오진으로 인하여 인생을 일찍 마무리하려는 사람들이 종종 있다.

죽음은 당사자 자신이 어떻게 받아들이느냐가 중요하다.

사람은 태어나면서부터 죽을 때까지 영원히 살 것처럼 행동을 한다. 그러다가 결국 죽을 때가 임박해서 요란스럽게 지나온 삶에 대한 후회로 삶을 마감한다.

비록 인간이 만물의 영장이지만 죽음 앞에서는 동물보다도 자연의 섭리에 잘 순응하지 않으려 한다.

시대의 변천으로 우리는 젊어서부터 "Well Dying"(스스로 잘 준비하는 고귀한 장례절차) 즉, 누구나 한 번은 겪어야 할 미래의 숙명에 대한 준비를 시간을 쪼개어서라도 가장 고귀한 나의 작별을 예비해야 한다.

고대 이집트의 파라오들, 중국의 황제들, 우리나라의 왕들도 왕위에 오르면서 자신들이 사후에 묻히고 후손들의 번성과 창대함을 위하여 명당자리를 찾아다닌다고 한다. 물론 권세와 사후에도 그들의 위엄을 나타내기 위한 것이라고 폄하할 수도 있다. 그렇지만 인간은 만물의 영장이다. 동물과는 영적으로 다르다. 인류 번식과 신의 선물인 삼라만상의 우주의 창조물들을 계승하여 발전시켜야 할 역사적 사명을 갖고 태어난 것이다.

고대나 현대나 문명과 과학의 발달로 인간의 사회생활에 편리한 혜택 이외에는 인간세계가 별로 달라진 게 없다. 노년의 세대들이 가끔 젊은 세대들에게 퉁명스럽게 던지는 말이 있다.

"자네들 늙어봤어? 우리는 젊어 봤거든. 그래서 하는 말인데
……."

하지만 젊은 세대들은 귀담아 들을 생각조차 않는다. 특별한 이유 없이 노년세대들의 지나간 구태이고 쓸데없는 간섭이라고 생각한다.

어차피 영원히 살 수 없다고 인정한다면 우리의 특별한 스토리들을 지금부터라도 준비하자.

아프리카 속담에 이런 글귀가 있다.

'빨리 가려면 혼자 가고, 멀리 가려면 함께 가라.'

우리의 인생 시간, 행복으로의 수단인 돈 그리고 풍요로운 자유를 원한다면 다음 세 가지를 기억해야 한다.

첫째, 나의 인생 시간표를 제작하자.

얼마 전 연세대 명예 철학과 교수는 '백년을 살아보니' 저서에서 뒤늦게나마 자신의 인생 시간표를 세워서 실천을 하셨다고 한다.

환갑의 나이에 젊어서 하지 못했던 일을 '인생의 황금기는 60~75세라고 하면서 사람은 성장하는 동안은 늙지 않는다.'고 하셨다.

'백년을 살아보니' 책 전체 내용의 으뜸은 '독서만한 것이 없더라.' 였다.

현대의 키워드인 '부의 시스템'을 살펴보면 대부분의 사람들이 부자가 되길 원한다. 교수님이 75세가 아직 안 되었다면 부자 되기가 절대 늦지 않았다고 강조하시는 말씀 같았다. 현존하는 석학이요, 철학자 그리고 우리의 고귀하신 인생 선배께서 100세를 살아오시면서 후세들에게 하튼 소리를 하실 리 만무하다.

답은 여러분들의 가슴에 거친 파도와 풍랑처럼 다가왔을 것이다. 솔직히 인정한다면 여러분의 시간표를 빠르게 작성해야 한다.

둘째, 행복의 수단인 돈을 위한 시스템을 구축하자.

오늘은 그렇게 원하던 과거의 미래였다.

지난날 우리가 행동했던 사건들을 온전하게 기억하기가 어쩌면 괴로울 수도 있다. 과거는 우리를 아름다운 추억으로만 간직하도록 홀로 내버려두지 않는다.

생각하면 온통 후회막심하고 분통 터졌던 사건들이 대부분이다. 특히 돈에 관해서는 우리 모두가 과거로부터의 피해자이다.

'그때 그렇게 하지 말고 이렇게 했더라면 성공했을 텐데.', '조금만 일찍 아니면 조금 늦게 행동했더라면 내 팔자가 상팔자가 되었고, 누군가가 돈을 빌려줬다면 성공과 부를 누리고 있을 텐데.'

소위 세상에서 잘되면 내 탓이고 잘 안 되면 조상 탓이라는 문구로 우리를 패배자로 몰아가고 있다.

'쉽게 부자 되기'에 속아 넘어가 저축과 수입의 일정액수를 금융학이라는 그럴싸한 포장으로 복리 운운하면서 성공으로 가는 지름길인 양 떠들어대는 곳에서는 떠들어대는 기업과 사람만 돈을 빠르게 챙기도록 도와주는 시스템이다.

올해부터 부자 되기 시스템인 '현명하게 부자 되기 프로젝트'에 온 힘과 정성을 쏟아 제대로 부자가 되기를 바란다.

독수리는 먹이를 얻기 위하여 이른 새벽에 높은 상공을 유유히 정찰을 한다.

땅 위로 돌아다니는 먹잇감을 눈으로 확인해 두었다가 때가 되었다 싶으면, 빠른 속도로 활강을 하여 순식간에 먹잇감을 낚아챈다.

'현명하게 부자 되기'를 실현하려면 돈을 벌 수 있는 스페셜(코칭과 멘토링) 교육을 받고, 돈을 버는 시스템을 구축해야 한다.

학교에서는 절대로 배울 수 없는 시스템과 교육을 받는다면 어디에 살든지 수입은 지속적으로 들어오게 된다. 자신이 어디를 여행해도 머무는 바로 그 장소가 헤드쿼터가 되는 시스템이다.

세상 어느 학교에서도 그런 지식을 강의해 주지도 않고 배울 수도 없다.

셋째, 풍요로운 자유를 누려야 한다.

자유란 내 뜻대로 모든 일이 이루어지는 것뿐 아니라, 원하는 대로 되지 않더라도 묵묵히 타인과 함께 한다면 진정성 있는 자유라 말할 수 있다.

'꿈은 나의 인생이 되었다.'의 정길순 작가는 자유를 '성공의 파랑새는 결국 내 손안에 있다. 바로 자유란 그렇게 멀리 떨어져 있는 것이 아니며, 본인이 누리는 경제적인 자유와 시간적 여유를 하늘나라로 먼저 올라가신 엄마를 그리워하며 세상을 향한 나눔이다.'라며 아름답고 풍요롭게 서술했다.

결론적으로 부와 성공은 자기 자신을 부하게 하는 것만이 아니라 나를 통해 함께 멀리 가는 공동 사업자들과 함께 부를 나누고 풍요로운 자유를 누리는 것이다.

2008년 서브프라임(비우량 주택 담보대출)으로 글로벌 경제위기 당시에 미국 대학 졸업자들의 상당수가 직장을 구하지 못했다. 그리하여 학교에서의 전공과목에 관계없이 사회 진출이 좌절된 학생들이 월가를 점령하기 위하여 뉴욕과 워싱턴에서 길거리 시위에 나섰다.

학교에서는 돈을 벌고 관리하는 방법을 알려주지 않는다. 사실은 학교도 알지 못하기도 하지만 실무 경험을 토대로 정확한 사례를 가르치기란 쉽지 않다.

학교에서 경영, 회계, 경제 과목들은 돈에 대해 가르치는 학문이 아니며 돈과는 관련이 없다. 따라서 돈을 어떻게 벌고 매니지먼트를 해야 하는 것을 사회에서 적용하기란 쉽지 않다. 돈을 버는 방법과 투자를 어떻게 해야 하는지를 정확히 가르쳐주는 학교가 없기 때문이다.

학교공부를 잘하고 일류대학을 나와 대기업에 취직한 사람과 고등학교를 졸업하거나 대학중퇴를 하고 장사를 해본 사람이라면 돈과 시장경제의 관계를 알고 있을 것이다.

학교는 더 이상 부자가 되는 방법을 알려주는 기관이 아니며, 쓸데없는 용어 설명과 어려운 지식을 알려주는 이론적인 정보만 제공할 뿐이다.

열심히가 아니라
특별하게 살아라

성공하려면 '열심히 일해라. 더 오래 일하면서 희생을 감수하고 최선을 다하라.'는 문구는 4차 산업혁명의 오늘날에는 인공지능이 탑재된 로봇에게나 필요한 말이다.

나이가 들어갈수록 더 열심히, 더 오래 일하라는 것은 어리석은 짓이다.

사람들은 조금 더 많은 돈을 벌기 위해 초과근무를 한다. 점점 높아지는 생활수준을 유지할 돈을 위해 가족에게 쏟아야 할 시간까지도 일에 매달린다.

가난을 벗어나고 해야 할 일이 결정되었다면, 무엇을 해야 할지 기획하고 실행해야 한다.

예전에는 학교공부를 열심히 하여 일단 좋은 대학교를 입학해야 했다.

예, 체능 특기자로 대학에 특혜로 입학을 해도 사회에서 큰 이슈가 되질 못했다. 공부에 관심이 없어 일반 대학 입학하기가 힘든 학생들이 잘하지도 못하는 예, 체능 특기를 단시간에 마스터해 입학을 해야 하는 상황이었고, 가난한 집안의 학생들은 꿈도 못 꾸었다.

요즈음은 웹툰 만화를 만들고 컴퓨터 게임에 몰두하다 요즘 말로 대박을 터뜨린 자녀들로 인해 가난을 벗어나는 시대다. 예전과 다르게 현재를 살고 있는 모든 부모들은 특별하게 성공한 자녀를 부러워한다. 공부하고는 담벼락을 쌓았지만 그들이 하고 싶은 일을 하며 관련 분야에서는 모두가 인정해주는 전문가이기 때문이다.

그들은 자신이 좋아하는 일을 즐기면서 하고 돈도 잘 벌어 부모님께 효도도 잘한다. 잘하는 분야의 일을 열심히가 아니라 거의 미친 사람처럼 하는 것이다. 그럼 성공하는 것이 당연하다. 그리고 성공 후에는 사회생활뿐만 아니라 앞으로 기대되고 설레는 그들만의 인생을 즐기며 특별하게 산다.

공부를 잘하면 더 바랄 것이 없다. 오죽하면 '공부해서 남 주느냐.'라는 말도 있다.

부모의 마음은 대부분 자식의 미래를 걱정해서 사회의 좋은 인재로 인정받기를 원한다. 또한 자신이 이루지 못했던 꿈을 자식을 통한 대리 성공을 원해서도 공부 잘하라고 강조하는 것이다.

밀레니엄 세대(1980년 초에서 2000년 초 사이에 출생한 세대)는 부모인 베이비부머 세대와 다르게 자신들의 미래에 부모의 생각과 삶을 개입시켜 생각지 않는다. 많은 일을 짧은 시간에 처리하고 잘할 수 있는 그들만의 직업이 있다면 다른 것은 언제든 포기할 수 있는 세대다.

더 일찍, 더 오래, 더 늦게까지 자신의 시간을 빼앗기면서 희생하지 않는 것이다. 더 짧은 시간을 투자해서 더 많은 시간을, 더 적은 노력으로 더 많은 결과를 얻는 4차 산업혁명의 세대다.

요즈음 욜로YOLO 세대는 '홀'로 시작하는 문화를 만들어 특별하게 살고 있다.

혼밥, 혼술, 혼행 등, 그리고 스마트폰만 있으면 세상 어디라도 살 수 있고 일을 할 수 있는 것이다.

열심히 일하는 시대는 지나갔다.

아직도 부모들은 자녀에게 강요한다. 대기업에 입사해 열심히 일하면 승진하고 성공할 수 있다고 말이다.

아주 잘못되거나 틀린 말은 아니다. 기업의 최고 경영자가 되어 회사를 경영한다면 적극적으로 추천해야 마땅하다.

그러나 세계적으로 유명한 한국의 대기업 중에 창업자의 자녀가 기업의 오너가 아닌 경우가 몇 개나 되는지 알고서 자녀들에게 요구하는지 궁금하다.

미국에서 태어난 첫째 아이 그리고 둘째 아이 모두 밀레니엄 세대다.

내가 유학으로 미국에 오기 전 아버지의 갑작스런 퇴직은 나를 일찌감치 외국으로 나가게 만든 계기가 되었다.

나는 대학 입학 후 군대에 다녀온 후 복학하여 4학년 마지막 학기에 결혼을 했다. 그리고 대학 졸업과 동시에 아내와 함께 미국으로 향했다. 이후 두 아이의 출생으로 가정과 사업에 하늘도 축복을 내려 주셨다.

첫 번째 사업인 부동산업이 승승장구하며 주택과 건물들을 매입하고 뉴욕 롱아일랜드의 워터프론트로 이사했다.

두 아이들은 뉴욕에서 가장 학군이 좋은 롱아일랜드에서 고등학교까지 다녔다. 중간 중간에 사업의 실패가 이어져도 고등학교까지는 좋은 곳에서 졸업시켜야겠다는 생각이 들었다.

계속되는 사업실패는 다시 종교에 의지하게 된 계기가 되었다.

새벽예배를 드리게 되었고 때때로 조용히 철야기도도 드렸다. 평일에는 하루 종일 교회에서 찬송을 부르며 하늘에 원망과 나의 처지를 조목조목 입으로 떠들기도 했다.

그리고 이때부터 두 아이를 위해 기도를 드렸다.

대학에서 군사훈련을 받는 자격으로 대학 4년의 스칼라십을 받게 된다면 졸업과 동시에 장교로 임관하여 국가에 봉사와 충성을 시키겠다고 기원했다.

당시에는 해군장교 출신으로 미국의 역대 대통령과 정치인들이 많이 배출되었다.

그리고 뉴욕 쌍둥이 빌딩 테러 사건으로 앞으로 미국에서 정부기관이나 기업에 취업 및 창업하려면 반드시 인적 검증과정을 거쳐야 할 것 같은 예감이 들었다.

우리 교민으로서 대학에서 해군장교 후보생 프로그램을 거쳐 장교로 임관되어 핵잠수함 통신 IT 기술을 사회로 접목시켜 벤처 기업인 '유리 시스템즈'를 창업한 김종훈 해군 대위 스토리가 미국의 교민 사회에 한인들의 위상을 높였던 기사가 계기가 되었다.

이때부터 우리 아이들도 미국 주류사회로 진출시킬 수 있다는 확신과 지혜를 얻었다.

시간이 지나면서 내 예감은 적중했다.

2008년, 전 세계 글로벌 경제위기 때 졸업을 하고도 직장을 얻지 못하는 젊은 세대가 넘쳐났다.

그러나 두 아이는 대학을 졸업하고 바로 해군장교와 해병장교로 임관하였다. 큰아이는 해군장교로 이라크에 두 번 참전했고 작은아이는 해병장교로 아프가니스탄에 파병되었다.

다행히 두 아이 모두 고등학교를 좋은 성적으로 졸업해서 본인들이 원하던 사립대학 입학을 추천받았다.

당시 고등학교 교장은 해군사관학교 인사담당 장교에게 전화와 편지도 보낼 정도였다. 두 아이 모두 사립대학에 입학하기를 원했고 집을 멀리 떠나는 것이 당시 고등학교를 졸업하는 학생들의 로망이었다.

다시 기도를 시작했다. 하늘은 지혜를 사모하는 자에게 반드시 그 이상으로 주시는 걸 그때야 깨달았다.

지금도 힘들면 용기를 얻어 은밀히 기도하는 〈구약 성경〉 예레미야 33:3절 '너는 내게 부르짖으라. 내가 네게 응답하겠고 네가 알지 못하는 크고 은밀한 일을 네게 보이리라.'라는 말씀으로 아이들의 머리에 손을 올려놓고 기도했다.

　큰아이는 인디애나주의 사립 명문 N 대학의 해군장교 후보생으로 입학 승인이 났고, 2년 뒤 작은아이는 남부의 명문 대학 T 대학 해군 장교 후보생으로 입학을 해서 졸업과 동시에 해병장교로 임관했다.

　내가 힘들었을 때 어린 아들 둘과 놀면서, 오래달리기로 함께 뛰면서 중학교와 고등학교 육상선수로 만든 계기가 군 생활을 잘 적응하도록 만들었던 것 같다.

　학업도 군사훈련도 4년 동안 줄곧 상위권을 유지하여 장교 임관 때는 원하는 보직을 선택할 수 있는 혜택을 받았다. (미국대학 ROTC 프로그램은 한국처럼 2년이 아니라 대학 4년을 훈련한다.)

　그런데 장교 의무 복무 기간을 마친 두 아이의 전역신청이 기각되었다.

　두 아이 모두 미 국방성 'Top Secret'에 관련된 보직을 맡고 있었기에 전역 지원서가 반송되고 복무 연장을 받았다.

　나는 복무 연장을 해야 할 아이들에게 기회가 된다면 몇 년이나마 한국으로 가서 한국어를 잘 구사하고 한국 문화를 익혔으면 좋겠다고 제안했다.

　두 아이들은 피식 웃으며 나를 단념시켰다. 자신들은 한국으로 파견을 원하지도 않지만,(큰아이는 독일로 가기를 원했고, 작은아이는 미 해병대 태평양 사령부가 있는 하와이를 원했다.) 한국에는 특별한 경우 외에는 미 육군과 공군 병력만 파견된다고 말해주었다.

사실 나도 알고 있었다. 혹시 스페셜 케이스가 있지 않을까 해서 아이들에게 제안을 했었던 것이다.

다시 '하늘은 스스로 돕는 자를 돕는다.'라는 말을 떠올리고 기도를 시작했다. 그러자 하늘은 내 소망을 들어주셨고 나의 어렵고 힘들었던 세월을 우리 아이들을 통하여 보상해 주셨다.

예상 외로 생각했던 것보다 빨리 큰아이의 한국 파견 명령이 났다. 대학 선배가 한국 파견근무를 마치고 본국으로 전출을 가면서 모시고 있던 미 해군 제독에게 추천을 해서 일사천리로 용산 한미연합사 합동 참모부로 발령을 받게 되었고, 한국에서 3년을 보내면서 한글과 한국문화를 접할 수 있었다.

아프가니스탄에 일 년 이상 파병 나갔던 작은아이는 파병부대 교체로 미국으로 귀환했다.

그러나 본국 귀대 후 일정기간 동안 전쟁터의 후유증으로 고생을 했다.

휴가를 와서도 외출도 하지 않고 집에만 머물렀다. 그리고 집에서 며칠 지내는 동안 새벽녘의 앰뷸런스 소리에도 심한 반응을 일으키며 벌떡벌떡 일어나곤 하였다.

작은아이의 모습을 보면서 아내와 나는 아이가 휴가를 마치고 귀대하는 날까지 멍하니 소리 없이 지내야 했다.

큰아이의 서울 생활은 생각보다 좋았던지 작은아이도 서울을 동경하기 시작했다. 힘들던 전쟁의 후유증도 점점 사라졌다.

〈성경〉에 사울에게 쫓겨서 죽음의 사선을 넘나드는 다윗을 생각하며 작은아이의 한국 파견을 위해 하늘에 기도를 드렸다. 한국에 없던 자리를 만들어서 보내달라고 기도할 수는 없었다.

작은아이의 전역도 큰아이처럼 기각되었다.

작은아이는 대학을 졸업하고 장교로 임관하기 전 보병훈련 6개월, 보직교육 4개월, 특수교육 6개월 총 1년 4개월의 훈련을 받고 초급장교로 임관했다. 거의 일반 장교들의 두 배 이상의 훈련을 받았던 것이다.

작은아이는 하와이 미 해병대 사령부로 가기를 원했고 거의 전출 결정이 확정적이었다.

하늘은 사업으로 의기소침해 있던 나를 깨우시기를 원하셨던 것이다.

내 사업의 네 번째 도전이 시작되었다.

작은아이의 파견만 결정되면 아내와 나는 한시름을 덜게 됐다. 이제 사업만 키우면 되었고 나의 부동산 사업도 금융이 받쳐줘서 성과를 내고 있던 시기였다.

한창 사업 준비로 들떠 있던 늦은 가을 어느 날, 작은아이는 한국으로 전출명령이 났다.

긍정적인 생각과 기도의 능력은 언제나 위대한 것이다.

결과적으로 두 아이 모두 한국에서 3년씩 근무를 했고 한글과 한국문화를 접할 수 있었다.

두 아이는 고등학교를 졸업하고 대학과 장교로서의 자신들의 선택을 후회하지 않았다.

두 아이들은 전역 전에 포브스 선정 500대 기업으로부터 스카우트 제의를 받았으며 자신들이 원하는 기업으로 취업을 했다.

군 복무 중 사회에서 필요로 하는 특수 업무 수행의 경력으로 두 아이는 사회로 귀환과 동시에 특별하게 살기 위한 인생을 설계하기 시작했던 것이다.

큰아이는 뉴욕에서 금융관련 회사에 종사한다. 작은아이가 파견 가고 싶었던 하와이에서 결혼도 했다. 뉴욕에 유학으로 왔던 며느리는 뉴욕의 디자인 스쿨을 졸업하고 패션관련 직업을 갖고 있다.

작은아이는 헤드헌터로서 샌프란시스코에 둥지를 틀었다.

큰아이 부부, 작은아이 모두 자신들의 인생을 즐기며 하고 싶었던 일을 찾아서 도시의 젊음을 맘껏 누리고 특별하게 살아가고 있다.

제2장

부자들이 말하지 않는
부자의 생각을 훔쳐라

01

부자의 문은
누구에게나 열려 있다

유학 초기에 미국에 사는 교민들이 겪었던 고생을 우리 부부라고 피해갈 수 없었다. 따라서 낮에는 풀타임으로 일을 하고 저녁수업의 절반은 졸면서 들어야 했다. 주말은커녕 특정한 공휴일에도 당연히 하루 종일 일을 해야 어느 정도 저축을 해서 다음 학기 수업료를 마련해야 했지만 초창기는 아내의 헌신으로 학비와 생활비 걱정은 없었다.

친구의 동생이었던 아내와 나는 두 살 터울로 결혼 전에는 호칭이 오빠였다.

아내는 결혼한 지 3개월 만에 한국을 떠나 나만 믿고 미국에 유학생 동거인으로 함께 왔다. 공부하는 남편을 위해 하루에 14시간, 일주일에 6일을 슈퍼마켓에서 일했고, 언어와 인종의 장벽이 높은 미국의 직장이 아내를 골병들게 했다.

결혼 3년차인 아내는 25살 생일을 막 보냈지만 생일 전부터 얼굴도 핼쑥해지고 너무 힘들어서 슈퍼마켓에서 더 이상 일을 할 수 없었다.

미국은 주급으로 생활하는 나라다. 일주일만 쉬고 일을 못 하면 한 달을 고달프게 보내야 한다.

따라서 생활하기가 힘들어졌고 나는 열심히 주말 파트타임 아르바이트를 찾아야 했다.

돈을 만들 궁리를 했다.

뉴욕은 부자들의 천국이었고 무엇을 어떻게 하면 부자가 될 수 있을까 고민을 했다. 고생한 아내를 생각해서라도 빨리 경제적으로 안정되어야 했다.

경제적 풍요로움도 중요하지만 앞으로는 평생 아내에게 일을 시키지 않을 작정을 했기 때문이다.

부자를 만나면 사정이라도 해서 부자가 되는 방법을 알아내려고 했지만 뉴욕에서 아는 사람도 별로 없거니와 내가 아는 부자는 한 명도 없었다.

영어를 더욱 공부해야 기회가 올 것 같았다. 특히 영어 구사력이 부자들과의 만남을 결정적으로 작용할 것으로 생각했다.

시간이 지나면서 아내의 건강도 어느 정도 회복이 되었다. 아마 일을 하지 않고 쉬었거니와 젊어서 회복이 빠르게 되었던 것이다.

그러던 중 우연한 기회에 아버지로부터 부동산업을 전수받은 유대계 미국인, 빌 테넌범을 어렵게 만날 수 있었다.

처음에는 대화가 잘 안 되었고 중간 중간 막혔다.

나의 영어 실력이 대단하다고 자부했건만 단지 생활 속에 필요한 대화 수준이었다. 실망했지만 그래도 창피를 무릅쓰고 지속적으로 연락을 했다.

그는 나의 진정성을 느꼈는지 자주 만나주고 대화의 시간도 늘어났다. 나를 배려해서 전문용어도 쉽게 천천히 표현을 해주었다. 그리고 나는 시간이 흐르면서 연예인들이 대사를 외워서 연기하듯이 유대계 미국인 친구, 빌 테넌범과의 대화를 그대로 흉내 내어 사용하기 시작했다.

그리고 그를 통하여 인맥을 구축하게 되었다.

'유유상종'이란 고사성어가 새롭게 느껴졌다.

빌 테넌범과의 만남으로 부동산과 관련된 설계사, 융자 전문인, 변호사 그리고 부동산 전문인들과 자연스럽게 어울릴 수 있었고, 지속적인 만남을 통해 새로운 정보와 부동산시장의 상황을 파악하고 신속하게 투자 결정을 내렸다.

혼자서 정보를 독점하거나 협업을 배제할 경우에는 업계에서 왕따를 당하는 사례를 그들을 통해 귀가 따갑도록 들었다.

그러나 돈 앞에 장사 없듯이 좋은 매물을 소리 없이 단독으로 거래하고 싶은 충동은 나를 비롯해 누구에게나 있었다.

이런 상황에서 큰 부자는 생각 자체를 다르게 한다.

첫째, 우선 투자자(혹은 파트너)들의 리더를 선정한다.

둘째, 선정된 리더를 중심으로 투자자(혹은 파트너)의 말보다 행동으로 결정하도록 멘토를 찾고 결정한다.

셋째, 투자금 회수가 어렵게 돼도 각자의 사업에 지장을 초래 안 할 자금만 투자한다.

나 역시 원칙에 어긋나면 서로가 협상에 불리하게 작용된다는 사실을 명문화시켜 진행했다.

처음에는 사람이 많으면 많을수록 풍부한 자금력으로 좋은 투자 상품을 찾아서 성공시키는 것이다.

큰 부자의 기획은 투자금액을 적게 선정하여 많은 차익실현의 성과를 거둔다. 그리고 성과의 결실을 정확하고 공정하게 투자자에게 배분하는 방식으로 투자자 전원의 신뢰를 얻는 것이다.

유대계 미국인들의 전략적인 투자방식이 오늘날의 실리콘 밸리의 벤처기업을 육성하게 된 근간이 되었다.

눈 덮인 산 위에서 주먹만 한 눈을 뭉쳐 굴리면 산 아래는 집채만 한 거대한 눈으로 변한다.

나치의 학살로 수백만 민족을 잃어버린 유대인들이 부자로 가는 첫 관문이 산 위의 주먹만 한 눈으로 나눌 수 있는 파이를 키우는 것이다.

제2차 세계대전이 끝나고 수백만 명의 희생을 무릅쓰고 살아남은 대다수의 유대인들이 희망의 땅인 미국으로 이주했다.

미국으로 이주한 유대인들은 언어와 문화의 갈등을 겪을 시간도 없이 먹고 사는 데 집중해야 했다. 뉴욕의 힘들고 거친 청과상, 생선, 정육점의 일들은 그들의 몫이었다.

유대인들은 헌법에 종교의 자유가 보장된 미합중국에 회당을 만들고 두 가지 중요한 결정을 내렸다.

첫째는 자녀의 교육, 둘째는 새로운 산업의 개척을 위한 아젠다를 결정했다.

그리고 유대인의 교육방법인 '탈무드'에서 거론하는 현명한 지혜를 통해 미국의 교육계와 법조계의 인재를 배출하기 시작했다. 한편으로는 자녀교육에 막대한 돈을 지출하며 노력한 끝에 제2차 산업인 금융업에 도전하여 일약 새로운 산업으로 정착시켰다.

제2차 세계대전이 끝나고 불과 70여 년 만에 가진 것 없이 맨몸으로 대서양을 횡단하는 여객선을 타고 뉴욕으로 도착했던 유대인들은 무엇을 먼저 해야 할지를 정하고 순서대로 소리 없이 진행했던 것이다.

한 알의 밀알이 땅에 떨어져 썩어야 열매를 맺듯이 우리 민족과 똑같이 자녀들의 교육에 우선순위를 두었던 것이다.

우리 교포들도 자녀를 관리하고 통제하는 방식은 유대인들과 별 차이가 없었다. 그러다 시련과 역경이 닥치면 유대인들은 자녀가 고통을 감내하며 스스로 방법을 찾도록 한다. 만약 자녀가 성공을 하면 힘들고 어려웠던 과거를 잊지 말고 겸손함을 배우도록 권면한다. 반대로 실패를 했을 경우에는 위로와 격려를 아끼지 않고 재도전을 하도록 마음으로 자녀를 품는다.

우리 민족의 자녀 교육열과 사랑 또한 유대인 못지않다. 자녀들의 유아기부터 결혼을 한 자녀까지 부모의 사랑과 간섭이 강물이 넘칠 정도이다.

우리는 세계적으로 엄친아도 많고 헬리콥터 맘이 많은 현실이다. 자녀들 의지대로 결정도 못 하지만, 부모도 자신들이 모르는 분야의 결정은 자녀에게 허락하지 않는다. 설사 부모 모르게 일사천리로 진행되었던 것도 뒤집어 버린다. 처음부터 시련과 역경 자체를 겪지 말라고 한다. 그냥 일 벌리지 말고 부모가 시키는 대로 조용히 사는 게 돈 굳는 것이고 실패하지 않는 것이라고 타이른다.

그리고 실패할 일을 하지 말고 혹시라도 실패를 한다면 위로와 격려는커녕 더 이상 부모와 자식의 연을 끊겠다고 윽박지른다.

우리는 불과 20년 전에 IMF를 겪었던 상황을 잊어버린 것 같다.

우리의 부모 세대는 운 좋게 부동산으로 재산이 늘어나서 앞으로도 계속해서 자녀들을 향하여 준엄한 명령을 돈과 바꾸려 한다. 더 이상 강남의 '복부인'은 없다. 시대가 변하고 너무 빠르게 바뀌고 있다. 더 넓은 세상으로, 더 짧은 시간으로 더 많은 것을 얻는 글로벌 부자가 되는 관문을 통과해야 한다.

02 고정된 생각에서
탈피해야 한다

어려서 가정과 학교에서 타인의 생각이 내 생각과 같지 않으면 무조건 상대방의 생각을 일방적으로 매도해 버렸다. 사실상 정답은 없지만 맞고 틀리고 그런 것이 아니다. 나와 타인의 생각이 다를 뿐인 것이다.

같은 날 거의 같은 시각에 태어난 일란성 쌍둥이도 서로 다른 생각을 갖고 태어나는데 각각 외모도 다른 사람들이 같은 생각을 하지 않는다고 목청을 높여가며 다툴 필요가 없다.

흉내 내서 투자를 하다가 막차를 탄 사람들은 실패 후 절대로 자신의 실수를 인정하지 않는다.

남이 잘된다고 하니까 처음에는 의심을 하다 투자를 거부한다. 그렇지만 계속해서 솔깃한 이야기를 듣게 되면 광고지 정보에 혹하여 따라 하다가 결국 원금도 건지지 못하는 경우가 비일비재하다. 그리고 자기 탓이 아니라 남의 탓으로 돌리면서 비방도 서슴없이 해댄다. 시간이 꽤 지나서 다시는 남의 흉내를 내지 않을 것 같은데 예전과 똑같은 방식으로 지식과 정보 없이 결정한다.

학교 공부도 노력을 요구하지만 사업과 투자는 고도의 전략과 시장의 흐름을 잘 알아서 결정해야 한다. 그렇지 않으면 자기만의 방식으로 고정된 틀에서 벗어날 수 없다.

지난 20여 년에 걸쳐서 세 번의 실패는 바로 시장에 대한 나의 자만심과 고정된 프레임에 갇혀 있었던 원인이다. 다시 재기하려 해도 프레임을 빠져나오는 시간이 많이 걸렸다.

아이들이 어려서는 부모와 학교 선생님의 말씀을 잘 듣고 따른다. 어려서는 다른 방법도 없었지만 부모와 선생님의 말씀과 가르침이 자신들의 성장에 필요한 것이어서 자신의 판단과 생각을 중요하게 생각지 않는다. 그러나 어느 날부터 부모와 선생님의 언행이 일치하지 않다는 것을 알아차리는 순간 세상을 보는 시야를 고정된 프레임 속에 가둬버린다.

그리고 성장을 통하여 세상물정을 파악하면서 말과 행동이 다른 사람의 의견을 수렴하지 않아야겠다고 하면서도 계속 반복해서 실수를 한다. 혹시나 이번에는 맞지 않을까 해서 서두르다 역시나가 되는 것이다.

생각은 커다랗되 남들과 다르게 해야 한다.

인생을 살면서 똑같은 행운도 두 번씩이나 오지는 않는다. 잘못을 인정하고 같은 실수를 반복하지 말아야 한다. 실수와 실패를 혼동하지 않아야 한다. 실수는 수만 번 저질러도 성공하기 어렵지만, 실패는 여러 번 하다 보면 성공을 거둔다. '실패는 성공의 어머니'라는 우리 속담이 있지 않은가.

뉴욕 20여 년의 생활은 아침에 일어나서 저녁에 잠자리까지 나를 위한 투자가 전무했다. 하루 종일 분주하게 사무실과 외부로 뛰어다녔지만 정작 결과는 늘 신통치 않았다. 밤늦게 녹초가 되어 집에 들어와서 잠만 자기도 빠듯했다.

아이들과 아내도 얼마 안 가서 나에게 지친 것 같았다. 아이들은 점점 아빠의 존재는 그저 밖에서 일만 하다가 집에 와서는 말도 없이 잠만 자는 사람으로 여겼다. 지금도 그때의 상황을 리얼하게 표현하는 아이들의 고정관념을 바꾸기가 쉽지 않다.

모든 사람은 자신과 모습도 생각도 다르다. 그리하여 이제 타인의 존재를 인정하고 그들의 생각을 경청하기로 결정했다.

처음부터 다시 사업을 시작해야 했다. 가슴속에 정리가 될 때까지 한참을 고민하고 책만 읽었다. 우선적으로 내가 가장 잘 해결할 수 있는 사업 아이템이 무엇인지를 생각했다. 상당한 시간이 지나서야 세 가지 원칙을 정할 수 있었다.

첫째, 시간과 장소에 얽매이지 않아야 할 것.

둘째, 스마트폰으로 업무를 처리할 수 있는 사업일 것.

셋째, 은퇴 없이 즐겁고 잘 해결할 수 있는 아이템일 것, 그리고 점점 시간이 지나면서 레버리지를 활용한 부를 읽어내는 사업일 것.

싫증을 내지 않으면서 은퇴 없이 즐겁게 할 수 있는 일이 과연 있기나 할까? 거기다 돈까지 벌면서 시간과 장소에 구애받지 않고 할 수 있는 직업을 내가 찾을 수 있을까. 몇 날 몇 달을 사람도 피하고 밥도 거르면서 사업 아이템 생각만 했다. 상당한 시간이 지났지만 여전히 답을 찾을 수가 없었다.

남을 의식하지 않고 나의 고정 프레임을 깨부수는 파격적인 설정과 열악한 나의 현재 재정상황을 무시했다. 그리고 이제 사업 자본금에 대한 집착을 떨치기로 했다. 상황이 힘들 때는 항상 산으로 향했다. 산을 오르다 힘들면 점점 나의 힘을 빼고 올라야 정상으로 빨리 갈 수 있듯이 내 머릿속에 가득한 돈에 대한 관념을 버렸다.

인간의 본성은 쉽게 바뀌지 않는다. 또한 평범한 사람이 그동안 쌓아온 고정 프레임을 한순간에 던져 버리기란 더욱 어렵다.

세상에는 두 종류의 인간이 존재한다.

긍정적 사고를 갖고 세상을 바꾸는 인간과 부정적 사고로 시간이 갈수록 세상을 탓하는 대부분의 사람들이다.

어느 날 하산을 하면서 그동안 고심했던 답을 찾게 되었다. 그러자 발걸음이 빨라졌고 몸이 가벼워졌다.

그동안 남의 돈을 내 주머니에 채울 생각만 했던 것이다.

남의 주머니에 돈을 먼저 넣어주면 결국 나의 주머니도 풍성하겠다는 생각이 들었다.

서둘러 집으로 돌아왔다.

그리고 내가 잘 해결할 수 있는 부동산 투자와 자산관리를 통하여 사업자금이 필요한 개인과 자금이 부족한 소규모 자영업자들에게 금융기관의 무이자 신용자금을 활용할 수 있는 프로그램을 만들기 시작했다.

이미 몇 년 전부터 내 회사를 시험 삼아 금융기관의 신용자금을 활용하고 있었기 때문에 프로그램을 완성시키는 데는 시간이 오래 걸리지 않았다.

이제 미래의 나의 영구적인 사업 모델이기에 고객의 반응을 살피기 시작했다. 어차피 많은 사람들이 사업을 하든 안 하든 돈은 필요할 것이다. 문제는 돈 자체가 아닌 돈을 활용하고 관리할 능력이 되느냐가 관건이다.

우리 세대는 어려서부터 돈을 밝히고 말하면 핀잔을 받았다. 무조건 죽어라 공부해 대학을 졸업하고 대기업에 취직을 해야 했다. 요즘 젊은 세대들도 별반 다르지 않다.

대부분 사람들의 생각이 비슷하고 고정관념도 변하지 않는다.

우리끼리 국내 리그만 벌리려 하고 해외 리그는 도전도 안 해본다. 그러나 세상은 하루 생활권이며 정보와 지식도 초 단위로 움직이는 제4차 산업혁명의 문턱에 놓여 있다.

차라리 이것도 저것도 아니라면 돈에 대해 자세히 공부하고 철저히 파고들자고 마음을 먹었다. 돈에 대한 고정관념을 탈피해 돈으로 인해 생명을 포기하거나 우울하고 찌질하게 인생을 종치지 말자고 되뇌었다.

어차피 태어나면 하늘로 돌아갈 인생, 가슴 졸이며 눈치보고 살지 않기로 했다. 원하는 일을 하다가 다시 하늘로 돌아가자.

학교공부를 어느 정도 했으면 고정 프레임에 갇혀버린 생각을 바꾸고 '돈' 공부 3개월만 해보자.

여러분도 마지막으로 속는 셈치고 한번 멘토를 선정해 돈에 대해 공부하기를 권한다. 3개월만 배우고 시작해도 돈 문제에 확연히 차이를 느낄 것이다. 배운 지식을 적용하여 누구라도 글로벌 금융기관의 자금을 자신의 사업에 활용할 수 있다. 돈을 빌리고 활용하는 데도 금융기술과 글로벌 지식이 필요하다.

03

생각의 힘이
부를 창조한다

마라톤은 오래 달려야 하는 운동이다. 달리면서 수많은 별별 생각을 하게 된다. 결국 포기와 승리는 자신과의 싸움에서 하나를 선택해야만 한다.

나는 사업 실패 후 우리 아이들을 데리고 매일 동네를 조깅했다. 그러나 아이들은 다른 집 아이들처럼 게임도 하고, 스케이트보드도 타고 싶어서 매일 조깅하는 것을 좋아하지 않았다. 그런 나는 우격다짐과 설득을 통해 매일같이 아이들과 함께 달렸다.

회사를 정리하고 특별한 약속이 없으면 집에 있던 터여서 아무것도 하지 않고 책상에 앉아 있으면 다 많은 생각으로 하루하루를 고통스럽게 보냈던 것이다. 그나마 달리면 몸은 힘들어도 머릿속을 텅 비울 수 있었고 하루라도 건너뛰면 마음의 고통을 견딜 수 없었다.

나는 힘든 고통으로부터 벗어나기라도 한다지만 아이들은 초등학교를 마치고 집으로 오기가 힘들었을 것이다. 그러나 시간이 흘러서

두 아이가 중학교로 진학할 때는 학교 육상 대표선수로 빠짐없이 뽑혔다.

마라톤을 해보면 처음 스타트할 때 긴장이 두려움으로 변해 얼마 못 가서 레이스를 포기한다. 결국 호흡조절과 체력 안배의 실패로 낙오하게 되는 것이다.

인생과 사업도 같은 맥락이다.

청소년 시절엔 하루라도 빨리 어른이 되고 싶어 안달이지만 성인으로서 준비되지 않은 청소년들은 사회적응에 무조건적으로 실패를 맛보게 된다. 결국 뒷걸음치듯이 사회의 부적응자가 되어 인생설계를 제대로 못 하고 수동적인 관망자로 남게 되는 것이다.

어려서부터 별다른 생각 없이 성장하면서 말과 행동의 불일치가 자연스럽게 머릿속과 몸에 익숙해진 결과이다. 친구들과의 대화도 스마트폰으로 문자나 이모티콘을 이용하며 점점 머리와 육체를 움직이길 원하지 않는다.

가정과 학교도 더 이상 어떤 방법으로든 강요할 수도 없다. 스마트폰이 없으면 두려움과 불안해서 잠시도 가만히 있질 못한다. 생각과 고민을 스스로 해결해야 하는 것도 스마트폰 검색창에 의존한다.

결국 사고의 능력을 잃어버려서 스스로 할 수 있는 일이 있을지 주목된다.

요즈음에는 연애도 로봇과 한다고 하니 인간의 존엄성을 얼마나 생각하고 있는지 궁금해진다. 하지만 남녀노소를 막론하고 돈은 많이 벌기를 소망한다. 살아가기 위해서 또 행복하고 더 나은 미래를 위해서다.

처음부터 사업이 탄탄대로로 진행되고 돈도 많이 벌 수 있다면 더할 나위 없이 좋겠지만, 비전과 사업계획도 없이 직감과 운이 따라주기를 바란다면 살얼음판을 걷는 것과 다를 게 없다.

인간의 수명이 강건해야 80세요 길어야 요즘말로 구구팔팔이다.

세월이 흘러 과학기술과 문명이 발달되었지만 인간의 사고는 예나 지금이나 별로 차이가 없다.

세계 7대 불가사의한 역사를 생각한다면 아직도 수수께끼지만 지금 시대에도 옛 선조들의 명철과 지혜가 필요하다.

경험과 방법을 모를 땐 우리 선조들이 오랫동안 글로써 전해져오는 책을 읽으면 해결방법을 찾을 수 있다. 그러나 요즈음은 책 대신 스마트폰을 통해 알고 싶은 내용만 캡처해서 보고 있다. 뇌를 사용하지 않거니와 마음으로 보기는커녕 생각도 하지 않는다.

프랑스의 철학자이면서 수학자였던 데카르트는 '나는 생각한다 고로 존재한다.'라고 말했다.

눈과 마음으로 생각하고, 행동으로 실천해야 자신은 물론이고 인류문명도 발전시킬 수 있다.

실리콘 밸리의 이단아들이 헝그리 정신과 반복되는 실패를 통해 자신들의 미래를 꿈꾸지 않았다면 지금의 성공이 돋보일 수 없다.

완벽한 계획은 어렵듯이 생각 또한 완전할 수 없다. 실수와 실패의 연속에도 끊임없는 도전과 생각으로 마침내 꿈을 이루어내는 사람이 세상을 변화시킨다.

역설적이지만 돈을 벌고 싶다면 평범하게 살도록 강요하는 부모를 설득해야 한다. 그렇지 않다면 부모의 생각을 존중해야 한다.

자식의 미래를 손 놓고 있는 부모는 이 세상 어디에도 없다.

그 어떤 일도 힘들지 않고 고통 없이 성공할 수는 없다.

이 사실을 부모들도 너무나 잘 알고 있지만 자기 자녀들에게는 이중 잣대를 들이대는 것이다.

부모의 각본대로 자녀의 인생이 짜이는 것이다. 왜 그런지 이유는 간단하다.

부모가 시키는 대로 하고 무엇을 할지 스스로 생각해 본 적이 없기 때문이다.

세상에서 성공하고 싶다면 부모가 바라는 생활의 안정을 추구하지 말고 세상 변화를 스스로 개척하면 된다.

사업에 망해보면 자신의 숨겨진 재능을 발견하게 된다.

새로운 가능성으로 자신을 꽁꽁 묶고 있는 안정된 삶을 박차고 나온다면 비로소 성공의 문턱까지 올 수 있다. 사색을 통하여 좋아하는 일을 찾고 그 분야의 전문가가 되어야 한다.

나는 세 번의 실패로 생을 몇 번씩 마감하려고 생각했다.

죽음의 문턱에서 큰아이의 허탈한 모습과 작은아이의 돌발적인 $20의 투자로 생각을 180도 바꾸었던 것이다.

가족들의 믿음, 소망 그리고 사랑의 생각이 인생 새 항로의 이정표가 되었다.

애플의 창업자인 스티브 잡스는 스탠포드 대학 졸업축사에서 '헝

그리 정신으로, 우직하게'Stay hungry, Stay foolish라는 명연설을 남기고 세상 밖으로 여행을 떠났다.

항상 스티브 잡스의 연설을 생각하고 또 생각하며 인생을 바보처럼 우직하고 도전정신으로 살고 있다.

미 동남부 애틀랜타로의 이주는 인생 후반기의 도박이었다. 스스로 낙향이라 여기고 유배생활처럼 지내기로 하고 천리 길도 멀다하지 않고 결정한 것이다.

자동차로 뉴욕에서 쉬지 않고 15시간, 중간 중간에 주유를 하고 잠시 쉬어가면 16시간 소요되는, 서울과 부산 길이의 세배인 1,600Km 정도의 거리다.

애틀랜타는 뉴욕과 달리 생활비와 물가가 싸기에 실패하면 다시 뉴욕으로 올라갈 엄두도 낼 수 없었다.

어쩔 수 없이 나의 두 번째 고향인 뉴욕을 등지고 애틀랜타라는 신흥도시에 마지막 배수진을 쳤다. 죽어도 여기서 뼈를 묻기로 결정했다. 뒤도 돌아보지 않고 죽기 살기로 살아가야 했다.

정착하면서는 두렵고 떨려서 옴짝달싹 못 하는 경우가 아주 많았다. 아침이면 매일같이 다운타운으로 향했고 다시 부동산 중개인 자격증을 신청했다. (뉴욕과 조지아주는 부동산 자격증을 서로 인정하지 않는다).

부동산의 역사를 살펴보면 항상 도시의 중심으로부터 발전과 개발이 시작된다.

나는 애틀랜타 미드타운의 '애틀랜타 인타운'Atlanta In Town 부동산에서 약 1년을 일했고, 도시의 발전상황과 향후 도시개발 계획사업을 집중으로 공부했다.

그리고 뉴욕서 내려오기 전 계획과 생각했던 일들을 찾아 실행에 옮겼다.

'구슬이 서 말이라도 꿰어야 보배다.'라는 말이 실감났다.

아무리 좋은 계획과 생각을 갖고 있어도 그것을 정리하고 행동을 통해서만 가능하다는 사실이다.

일 년 동안 오픈하우스(부동산 마켓에 매도물건을 고객과 에이전트에게 소개하는 전시행사)만 100여 채를 보고 다녔다.

애틀랜타 시내의 지리와 위치를 내비게이션 없이도 찾아갈 수 있도록 꾸준히 다녔다. 10여 년이 지난 지금도 그때의 열정으로 다운타운을 내비게이션 없이 잘 찾아다니고 있다.

사람은 환경의 동물이란 말이 맞다.

대도시에 살다가 느릿느릿 움직이는 시골에서는 살기가 힘들 것 같았는데 이제는 빨리빨리 움직이면서 살아가는 데 익숙지 않다. 높은 빌딩보다는 넓게 골고루 퍼져 있는 건물과 주택이 환경 친화적이고 생활하기가 편리하다.

주택매매를 하면서 뉴욕서 많은 경험을 쌓았던 상업용 건물과 개발부지를 중심으로 취급하기 시작했다.

예상대로 뉴욕 부동산시장의 경험과 노하우가 발휘되었고 도시개발 계획을 투자자들과 함께 공유했다. 아직 글로벌 금융위기 전이어서 주택가격과 물가가 저렴한 애틀랜타로 유입되는 인구가 많아지면서 그동안 잠자고 있던 부동산가격이 하루가 다르게 상승했다.

자고 나면 가격이 오르는 상황이 연출되고 거짓말처럼 팔려고 시장에 내놓는 매물을 거둬들이는 사태까지 발생했다.

애틀랜타에 내려온 지 일 년 만에 다시 나에게 기회가 찾아왔다.

주택담보융자를 자동 승계한다는 조건으로 또 한 채의 주택을 돈 한 푼 안들이고 구입을 한 것이다.

살아가면서 사람에게는 행복과 불행이 함께 찾아온다. 행복이 지속될 때는 함께 찾아왔던 불행을 못 보고 만다. 반대로 불행할 때 행복도 같이 왔지만 불행의 면이 너무 커서 행복을 생각하지 못하는 것이다.

뉴욕에서의 힘들고 고통스러울 때 나의 인생을 불행한 줄로만 알고 자포자기했고 한때는 죽음도 진지하게 생각했던 적이 있었다.

말없는 큰아이의 모습 그리고 작은아이와의 대화에서 일말의 가족의 소망을 보았던 것이다. 처음부터 다시 시작해야 한다는 중압감이 있어서 머뭇거렸다. 그렇지만 아내와 아이들로 인해 살아야겠다는 생각에 23년의 시간을 멈추고 새로운 길로 나선 것이다.

생각의 차이가
인생의 차이를 만든다

04

'할 수 있다.'와 '할 수 없다.'라는 선언은 주관적 관점에서 보면 별다른 차이가 없다.

인간은 태어날 때부터 부모의 도움 없이는 아무런 행동도 할 수 없다. 일어나 걸을 수도, 혼자 먹을 수도, 심지어 말을 할 수도 없다.

이유는 간단하다.

태어나자마자 생각을 할 수도 없고 생각을 해본 적이 없는 것이다. 어린아이들은 부모의 도움과 헌신으로 무럭무럭 자라난다. 부모의 손짓과 말을 들으면서 기억과 생각을 하기 시작한다.

성장을 하면서 제일 먼저 먹고, 입고, 자는 것, 바로 '의, 식, 주'에 대한 생각을 가장 많이 한다.

대부분의 사람들이 평생 살아가면서 이 문제들로 고민하다가 생을 마감한다. 그럼에도 불구하고 많은 사람들이 '의·식·주'에는 별로 관심이 없다.

공부 잘하고 돈만 잘 벌면 해결된다고 믿는 것이다.

간단히 말해서 생각의 차이가 하늘과 땅만큼 벌어졌다.

잘 먹고, 잘 입고, 잘 자는 것의 기준이 사람마다 천차만별이다.

인생을 살아가면서 부모의 도움 없이 자유로운 삶을 살아가기가 쉽지 않다.

서울에서 대학 마지막 학기에 결혼을 하고 아내와 함께 미국으로 왔다.

양가에서 결혼자금을 유학자금으로 지원받아 결혼식만 조촐히 올리고 석 달을 부모님 집에 얹혀살았다.

아는 사람 한 명도 없는 생면부지의 나라에 많은 준비도 없이 공부한다는 미명하에 멋모르고 덜렁 왔던 것이다.

오기 전까지는 오로지 학업 이외는 걱정이 없었다. 그러나 막상 도착한 첫날 이리저리 수소문해서 잠 잘 곳을 찾으러 다녔다. 당시에는 인터넷도 없었고 한국에서 숙소를 예약할 줄도 몰랐다.

미국에서의 시작도 먹고, 입고, 자는 것을 우선적으로 생각해야 했다.

사실 수십 년이 지난 현재도 '의·식·주'의 생각에서 크게 벗어나지 않는다.

미국에 들어오기 전에는 아예 그런 생각을 못 했다.

'사람 사는 곳에 입에 풀칠 못 하겠느냐.'라는 어머님의 말씀에 별로 신경을 쓰지 않았던 것이다.

이제부터는 나 혼자가 아니라 아내도 있어서 실제상황인 것이다. 공부보다도 먹고, 입고, 자는 것을 우선순위로 정해야 했다.

무식하면 용감하다고 대부분 사람들은 종종 웃으며 빗대면서 말한다.

무식하면 배움으로 바뀔 수는 있지만 무지하면 평생을 힘들게 살아가야 한다.

그만큼 생각의 차이가 인생을 살면서 하늘과 땅만큼, 해가 뜨는 데서 지는 데까지만큼 차이를 만든다.

학업과 일을 병행하면서 둘 다 잘할 수 있다고 생각했지만 결과는 그렇지 않았다. 학업도 일도 그리 만만하게 여길 것이 아니었다. 그렇다고 다시 시작하면 되는데 누구나 처음으로 돌아가기를 싫어하고 주저한다. 남의 스토리가 아니라 나의 처지가 그렇게 되었다.

그래도 첫 번째 사업이 성공할 수 있었던 이유는 대학원 동기의 지인들 소개와 더불어 당시의 부동산 붐으로 인하여 운 좋게 성공한 것이었다.

사업계획을 세우고 전략적인 생각을 할 줄도 몰랐지만 사회경험이 전혀 없었던 나에게 미래 사업에 대한 전략계획이란 단어조차도 생소했다.

학교를 졸업하고 사회에 진출하면 그 순간부터 학업의 진짜 시작임을 실패 후 뼈저리도록 느꼈다.

사업의 시작은 쉬울 수도 어려울 수도 있다.

아직도 대부분의 사람들이 사업을 쉽게 시작하려고 한다. 물론 어렵게 시작해야 성공한다는 것이 아니다.

중국 청나라의 강희제는 신하들에게 '처음 시작이 좋은 사람은 마지막을 조심해야 한다.'라며 경종을 울렸다.

공부를 하든지, 연애를 하든지, 사업을 하든지 시작 전에 생각을 넓고 깊게 해보고 결정해야 한다.

우리 주변에는 전혀 생각도 해보지 않고 순식간에 결정을 해버려 후회하는 사람들이 너무 많다.

한편 생각을 너무 오래 하다 보면 결정하기가 어려워져서 출항도 못 하고 항구에 정박된 배의 신세가 될 수도 있다.

배는 바다로 나가야 배로써 제 몫을 하는 것이다. 항구에 정박해 있으면 배의 기능을 잃어버리는 것이다.

사업은 운도 따라야 하지만 경영인의 헌신과 전략이 절대적이다.

이 세상에 똑같이 닮은 사람이 없듯이 생각도 모두 다르다. 달라도 너무 달라서 천차만별이라 표현한다.

비슷한 생각과 모습을 갖춘 사람들이 존재하지만 한 사람도 똑같지 않다.

그럼에도 생각이 다르다고 상대방의 의견을 무시하고 거절한 지난날의 내 자신이 부끄러웠다.

왜 나의 인간성은 이렇도록 무지하고 이기적일까 곰곰이 생각한 결과 어찌 보면 내 사업의 실패가 당연한 결과였는지도 모른다.

23년의 뉴욕 생활을 정리하고 남부의 조지아주 애틀랜타로 이주를 결정했을 때는 한마디로 시원섭섭하다는 표현이 너무 잘 어울렸다. 애틀랜타로 이사를 결정하기 전 일 년 동안 여러 번의 출장과 방문으로 사업계획도 미래 전략적으로 노후준비까지 생각을 했었다.

이제 애틀랜타 이주는 내 인생 후반기 재기의 발판으로 정하고 결정했다.

모든 준비와 생각이 24년 전 한국에서 올 때와는 비교할 수 없었다. 사업도 세 번씩 실패해서 어느 정도 이력도 났고 성공의 확신도 들었다.

철저히 준비를 했지만 그래도 걱정이 앞섰다.

우선 애틀랜타로 내려오기 전에 수 차례의 출장과 방문으로 거주할 주택을 돈 한 푼 들이지 않고 구입했다.

매도자의 해외이주로 급매물로 시장에 나온 것이 오히려 매도자의 발목이 잡힌 상태였다. 집이 오랫동안 주인 없이 방치되고 그동안 살고 있던 임대인도 이사를 가버려서 동네의 흉물로 남아 있었던 것이다. 그리하여 매도인의 부동산 중개인과 협상을 했다.

매도가격을 한 푼도 깎지 않고 매입을 하겠다는 의사를 전달했다. 그리고 나의 세 가지 조건을 제시했다.

첫째, 매도 주택의 자산을 활용해서 계약금 지불 없이 주택매입을 하고 싶다.

둘째, 주택담보융자에 대한 은행 수수료를 주택판매 비용 처리로 계약을 할 것.

셋째, 계약 완료시점을 나의 시간에 맞추어 줄 것.

이런 조건이라면 매입을 하겠노라고 제안했다.

그러나 잘못 알아듣는 것인지 아예 모르는 건지 알 수가 없었다.

시간이 꽤 흘렀는데도 아무런 연락이 없었다.

어쩔 수 없이 나도 다른 주택을 알아보기로 했다.

사실 돈 한 푼 없이 주택을 매입한다고 하면 어느 중개인도 당연히 거절하고 매도하는 매물을 거둬들일 것이다.

이는 레버리지(차입)를 활용해서 목돈 없이 부동산을 매입하는 기법이다.

은행과 매도자도 손해를 전혀 보지 않는다.

예를 들면 부실기업의 자산(자산은 조달된 자본과 부채를 포함)인수 방식을 생각하면 이해하기가 쉽다.

결국 기업인수에 필요한 운영자금까지 지원을 받듯이 매도자의 매도가격을 건드리지 않는다면 다양한 혜택을 매도자와 은행으로부터 받을 수 있다.

타인의 주머니 속에 들어있는 것에 관심을 버리고 내 주머니에 들어올 것만 생각했다.

다리 위에서 먹이를 물고 있던 개가 물속의 비친 먹이를 물고 있는 개의 모습을 보고 입을 벌리는 순간 물고 있던 먹이도 놓쳤다는 우화를 생각하며 남의 주머니엔 관심을 갖지 않았다.

한국 근대화시대에 소기업을 창업해서 세계적 다국적 기업을 경영했던 고 정주영 현대그룹 창업자의 사우디 건설 현장에서의 연설문의 일부를 발췌했다.

"무슨 일이든 할 수 있다고 생각하는 사람이 해내는 법이다. 의심하면 의심하는 만큼 못 하고, 할 수 없다고 생각하면 할 수 없는 것이다."

05 진짜 부자는
나눌수록 커진다

세계 제일의 부자 타이틀을 오랫동안 간직하고 있는 '오마하의 현인' 워런 버핏은 어느 방송국과의 인터뷰에서 '돈을 많이 버는 게 행복은 아니다.'고 말했다. 그리고 '돈을 벌면 계속해서 많은 돈을 벌고 싶은 게 사람의 마음'이라고 솔직하게 고백했다. 더욱 중요한 인터뷰는 다음과 같이 이어졌다.

"돈 버는 과정을 즐기고 의미 있게 돈을 사용하는 것이 행복이다."

그는 어떻게 벌고 무엇을 위해 쓸 것이냐가 중요하다고 강조했다.

버핏은 사회에 많은 돈을 기부한다. 기부금 대부분을 빌 게이츠 재단에 맡기며 '사회공헌 활동은 자신보다 빌 게이츠가 더 잘하기 때문'이라는 이유를 댄다.

빌 게이츠 역시 버핏과 함께 많은 돈을 사회로 환원시켰다.

이들 말고도 페이스북의 CEO 마크 저커버그, 아마존의 창업자인 제프 베조스 역시 사회로의 환원을 약속했다.

기업인들의 '노블레스 오블리주'는 사회를 발전시키는 큰 원동력이 된다. 사회공헌과 기부를 많이 하면 할수록 경제적으로 더 이익이 창출되고 전보다 재산이 늘어나는 현상이 나타난다.

나 역시 부동산과 금융기법을 활용해 다시는 먹고 사는 데 지장 없는 지식을 대가없이 나누어 주기로 결정했다.

세 번의 실패로 풍요로운 미국에서 하마터면 홈리스피플(노숙자)이 될 뻔했던 내 모습이 실루엣처럼 오버랩되었다.

그리하여 실패와 가난의 고통 속에서 벗어나려고 발버둥치는 사람들에게 희망의 동아줄이 되기로 결심했고, 지난해부터 지식나눔의 기부와 기금을 남미의 과테말라의 실향민들과 동남아시아의 베트남, 캄보디아, 인도네시아와 필리핀으로 확대하여 진행하고 있다.

<성경>에 '보리떡 5개와 물고기 두 마리'의 사건은 나눔을 실천하면 더욱 많아지는 원리를 설명한다.

나 또한 갑자기 예상치 않은 사람과 사업이 연결되고 있다. 이제 시간이 지나면서 그 이유를 알게 되어 하늘에 감사를 드린다.

'한 알의 밀알이 떨어져 썩어야 열매를 맺는다.'

먼저 나누어 주는 자가 많은 것을 얻는다는 사실을 깨달았다.

인간으로 오신 예수는 죽음으로 값없는 사랑을 베풀고 세상을 떠나셨다. 인간에게 진정한 사랑을 대가없이 온몸으로 실천하고 떠나신 것이다.

'그런즉 믿음, 소망 사랑, 이 세 가지는 항상 있을 것인데 그중의 제일은 사랑이라.' 하셨다.

3년 전 늦은 동짓달 하얀 눈이 펑펑 내리는 뉴욕의 요양병원에서 사랑하는 어머님의 산소 호흡기를 떼어 하늘로 보내드려야 했다.

넘어지셔서 거동이 불편하셨고 지병으로 합병증까지 생겨서 병원을 나오실 수가 없으셨다. 삼 년을 힘들게 잘 버티시면서 집으로 갈 날을 손꼽아 기다리시던 어머님을 영원한 본향으로 보내드렸다.

자식을 낳아보면 부모의 심정을 안다고 했다.

나도 자식이 둘씩이나 되다 보니 부모의 심정을 이제야 알 것 같았다.

연속된 사업의 실패와 실수로 인해 서울에서 모셔왔던 아버님의 급작스런 별세로 한동안 어머니하고도 소원해졌었다.

삼 년이란 시간이 지나서야 어머니를 찾아뵈었다. 재기에 성공하면 잘 모시고 호강시켜 드리겠다는 말만 계속적으로 했다.

그러나 시간은 소리 없이 지나갔다. 어머님 또한 소리 없이 늙어가시고 예전과 많이 다르게 정신도 희미해지셨다. 아주 옛날의 일들은 기억이 생생하신데 얼마 전의 기억은 전혀 못 하셨다.

일 년에 두세 번은 혼자서도 비행기를 타시고 뉴욕에서 애틀랜타로 왕복을 하셨는데 지금 곰곰이 생각해보면 그때 이미 증상이 시작되었던 것이었다.

어머니는 시골에서 초등학교를 우등으로 졸업하셨다. 어머님은 가난한 집에서 6 남매 중 넷째로 태어나셨다. 형제 중에서 제일 똑똑하셨고 공부도 늘 일등을 놓치지 않으셨다고 말씀하셨다. 그래서 위의 두 언니들이 진학하지 못한 중학교 진학을 생각하셨으나 완고

한 외할아버지의 의지대로 진학을 포기하고 가사와 농사일을 하셨다고 했다.

한국동란 중 군에 계셨던 아버지의 부대가 밀려 내려오는 중공군을 피해 남쪽으로 철수를 하였을 때 외할아버지 댁에서 도움을 받게 되었다.

우리 부모님의 인연은 전쟁으로 이어졌다. 유엔군의 참전으로 아버지의 부대가 다시 서울로 올라오게 되었다. 전쟁이 끝나고 휴전이 성립되어서 휴가를 얻으신 아버지가 외갓집에 방문을 하셨다. 그리고 어머님과 함께 올라 오셔서 서울의 살림살이를 시작하신 것이다.

우리 형제들이 모두 어머니의 유전자를 갖고 태어나서 그런지 공부엔 불편함이 없었다. 수재까지는 아니어도 공부하는 것은 싫어하지 않았다.

사업재기에 성공해서 돈 많이 벌어 호강시켜 드리려고 했지만 어머님은 제자리에 계시지 못하시고 점점 늙어가고 계셨다.

성공과 욕심은 끝이 없다. 돈도 벌면 많이 벌고 싶듯이 성공의 자리도 계속 높아져 손으로 잡힐 듯하면서 멀어져 간다.

현재 나는 자산관리와 투자자문을 두 회사로 나누어서 진행하고 있다.

고객들에게 금융기관의 신용자금과 기업자금을 손쉽게 활용하도록 컨설팅을 해서 고객의 중장기 사업계획과 부동산 투자를 지속적으로 확대해 추진하고 있다.

비즈니스도 하나씩 둘씩 늘어나고 부동산 투자도 증가하는 것을 보면서 회사의 수익도 점점 늘어나고 있다.

먼저 정보와 지식을 나누었더니 고객들이 모여들고 고객들의 수익이 나면서부터는 컨설팅 수수료가 상당히 높은데도 불구하고 불만들이 없다.

하지만 새롭게 진입하는 고객들 중 일부는 아직도 망설이기도 한다. 고객들이 공부를 하지 않고 배우는 데 전력을 다하지 않는다면 지식과 정보를 아무리 제공해도 맨땅에 헤딩하는 것과 마찬가지다.

매일같이 많은 시간을 경제기사와 새로운 정보를 인터넷으로 다운받고, 관련서적을 몇 권씩 소화해야 고객들에게 다양한 종류의 정보를 제공할 수 있다.

부자들도 공짜를 좋아한다.

그러나 부와 관련된 투자나 정보는 절대적으로 공짜를 신뢰하지 않는다. 쉽게 말하자면 가짜 뉴스라고 판단한다. 값싼 정보로 잘못된 투자를 했다가 쪽박을 찬 경우가 어디 한두 군데이든가.

우리 회사는 원칙적으로 가족에게도 스페셜 할인이나 후불제 컨설팅은 거절한다. 종자돈도 없이 대형 금융기관의 신용 및 기업자금을 활용하게 해준다는데도 의심의 눈초리와 네거티브한 마인드로 문의만 몇 번씩 하는 사람들은 평생 가난과 함께 동거할 수밖에 없다.

가난은 습관이라고 가르쳐준 앤드류 카네기를 사람들이 존경하는 이유가 분명해졌다.

서로가 공유하며 서로의 장점을 갖고 나누면서 세상의 숨겨진 각

자의 보화를 찾기 바란다. 언제나 목마른 자가 우물을 파야 하듯이
돈을 벌려면 정보와 지식을 함께 배우고 나누어야 한다.

06 감사하는 마음에서
진정한 부자가 탄생한다

2008년 미국의 뉴욕에서 시작된 글로벌 금융위기가 전 세계로 확산되면서 각국의 경제와 증권시장은 순식간에 패닉(공포) 상태로 변했다. 마치 대부분의 사람들이 1929년 미국의 대공황사태를 연상하지 않을 수 없었다. 뉴욕에서 '블랙 먼데이'(1987년 10월 19일 주가가 사상 최고로 하락한 사건) 공포를 겪었던 터라 엄청난 규모의 대량해고와 주택압류가 이루어졌다.

상상할 수 없는 수많은 사람들이 직업을 잃고 가정이 무너졌다.

미국의 중산층조차 거리로 방황하다 노숙자로 전락한 경우가 많았다. 정부와 은행들의 탐욕으로 벌어진 아수라장의 풍경이었다.

오바마 정부의 탄생과 동시에 금융기관의 파산 도미노가 일어났다. 조금 지나면 괜찮아질 것이라고 생각한 사람들은 마치 데워지고 있는 냄비 속의 개구리와 다를 바 없었다. 냄비 속의 물이 뜨거우면 개구리는 펄쩍 튀어나온다. 그러나 아주 서서히 물을 데우기 시작하면 개구리는 결국 죽음을 맞이하게 된다.

당시의 상황은 '태풍 전야의 고요'라고 할 수 있었다. 태풍이 닥치기 전에 태풍권에서 벗어나고자 하는 몸부림이다.

대부분의 우리 교민들은 태풍 전야의 고요한 냄비 속의 개구리였다. 금융지식도 알지 못하는 데다 연방정부 재무부의 혼선으로 갈팡질팡 거리며 아무런 결정도 내리지 못하고 우왕좌왕했다. 모든 교민들뿐만 아니라 대부분의 미국인들도 잠시 어렵다가 회복될 것이라고 생각했다.

그러나 예상은 빗나갔고 대형 투자은행인 '리먼브라더스'의 파산으로 금융산업은 엄청난 타격을 받았다.

하루가 멀다 하고 중소형의 은행과 주택담보융자를 취급하는 기관들이 잇따라 파산했다. 불행이 한꺼번에 몰려들면서 대량해고와 주택들이 압류되었다. '아비규환'이 따로 없었다.

나는 귀를 기울여 내 마음의 소리를 들었다.

하늘은 스스로 찾는 자의 몫이었다. 기회가 다가온 것을 느꼈다. 마음의 동요를 느꼈지만 표정관리에 힘썼다.

뉴욕에서의 쓰라린 실패로 집과 건물들을 속수무책으로 압류당했었다.

그때 주거래은행과 주위의 지인들을 원망했었다. 누가 망해가는 사람에게 온정을 베풀겠는가, 도움을 요청했던 내가 바보였었다.

시도 때도 없이 법원과 은행으로 불려나갔던 것이다. 시간도 무심하게 길고 느릿느릿 갔었다.

당시에는 법원에 가서도 무슨 말인지 알아듣기도 어려웠다. 판사의 질문에 어떻게 답하고 처리해야 할지도 몰랐다.

시간도 내편이 아닌데 그 어느 누구도 나를 이해해 주질 않았다.

'소 잃고 외양간 고친다.'라는 말을 생각했다. 독하게 마음먹기로 하고 장기전으로 갈 생각을 했다. 소는 잃었지만 외양간은 고쳐야 직성이 풀릴 것 같았다. 그렇게 3년을 홀로 법원과 은행을 상대했다.

그러다 보니 어느새 관련법과 금융 지식을 줄줄 꿰차게 되었다.

이제 15년의 세월이 흐르고 입장이 바뀌었다. 은행으로 압류될 주택을 구제하는 새로운 사업을 시작했던 것이다.

밀려드는 고객들로 사무실이 비좁아 사무실을 자주 넓혀갔다. 다른 도시에도 사무실을 열고 직원들도 확충했다.

당시엔 주택융자 조정을 취급하는 은행들의 담담부서는 대부분이 주 7일 근무할 정도였다. 직원들에게 토요일까지 근무를 시켰고 나는 일주일 내내 사무실로 출근했다.

정부의 자금지원을 받은 은행들은 소득형편에 맞추어 주택융자의 월상환금을 조정해 주었다.

소문은 삽시간에 들불처럼 번져나갔다. 고객의 대부분이 우리 교민이었던 관계로 입소문을 탔던 것이다.

초창기(2008년~2009년)에는 주류사회에도 주택융자조정 전문가가 별로 없었다. 특히 소수민족인 우리 교민 중에서는 손가락으로 꼽을 정도였고 은행과 협상을 할 수 있는 수준도 아니었다. 은행들도 처음으로 채택된 제도여서 시간을 질질 끌고 정부의 눈치를 보고 있었다.

2008년 12월 중순까지도 주택융자 조정상황이 어렵고 결정이 쉽게 나오지 않았다. 은행도 고객도 지쳐 있었다.

그러나 크리스마스를 앞두고 신청했던 주택융자조정과 원금삭감이 무더기로 승인난 쾌거가 발생했다.

사무실은 고객들로 온통 북새통을 이루었다. 기쁨으로 선물과 감사를 전달하는 고객들로 그해 크리스마스는 오랜만의 '로마의 휴일'이었다.

'반전' 그리고 '역전 인생'이란 말을 아꼈다. 더욱 겸손해지고 하늘에 감사를 드렸다. 〈구약성경〉 '욥기'의 '욥'을 버리시지 않고 전보다 창대케 하신 하늘의 마음을 비로소 이해했다.

집을 지킬 수 없는 사람들의 대안으로 그들의 주택융자를 조정을 한 후 매입을 했다. 그리고 주택 매매의 새로운 시스템을 구축하고 고객과 투자자에게 공동투자 제안을 했다. 투자자의 자금으로 고객들은 집을 지킬 수 있었고 투자자는 미래의 안전자산인 주택을 공동소유하는 프로젝트였다.

이윽고 글로벌 금융위기 이후 10년, 주택가치의 상승으로 투자대비 100%에서 400%의 차익을 실현했다. 믿을 수 없는 투자 수익률과 주택융자 원금삭감으로 부동산시장의 큰 손들이 빠르게 진입했다.

은행들은 압류한 주택들의 관리로 골머리를 앓고 있었다.

자신들의 주택융자조정을 성공한 고객들은 위기의 상황에서 새로운 비즈니스와 투자처를 발견했다고 밝혔다. 일부 고객들의 욕심과 질시로 마음 아프고 힘들기도 했다.

감사는 일방적인 행동이 아닌 서로서로의 마음의 표현으로 나타나야 한다.

우리는 서로 의기투합해 지난 글로벌 금융위기를 슬기롭게 극복하고 새로운 방식의 부의 시스템을 운영했다.

배움을 돈으로 바꾸는
진짜 공부를 하자

　영국에서 부동산 사업으로 30대에 자기자본 한 푼도 들이지 않고 오백 채 이상의 부동산을 소유하는 데 성공한 '롭 무어'는 새로운 백만장자의 신화를 만든 사람이다. 또한 여러 권의 책을 쓴 저자이기도 하다.

　대학시절, 사업에 여러 차례 도전했으나 모두 실패했다. 빚이 늘어나 파산상태에 빠지기도 했지만 레버리지의 원리와 배움을 통하여 3년 만에 백만장자가 되었다.

　부자가 되려는 마음만 갖고는 부자가 될 수 없다.

　부자가 되기 위해서 준비해야 하는 과정이 철저히 전략적이면 부자가 될 수 있다. 롭 무어의 저서 '레버리지' 에서도 '모든 일을 잘하려는 사람은 결코 어떤 일도 제대로 할 수 없다.'고 말했다.

　계획 말고 기획을 세워서 부자가 되기에 필요한 지식부터 배워야 한다.

맹자가 '하늘은 곧 큰 임무를 그대에게 내리려고 하니 반드시 먼저 그 의지를 시험하여, 근골을 욕보이게 하고, 배를 곯게 하여 육신을 공허하게 하며, 온갖 유혹으로 그 행실에 혼란을 줄 것이다. 그러므로 마음이 움직이고 참을성이 생겨나며, 이로운 점이 많아 못 할 일이 없으리라.'라고 했던 말을 곱씹으며 애틀랜타로 내려왔다.

시작이 좋은 사람은 마지막을 조심하라는 말은 항상 나를 향한 경고였다.

그동안의 세 번의 사업도 시작만 하면 너무 잘 진행되었지만 나중엔 폐업정리도 제대로 하지 못했다. 말로만 듣던 '유종의 미'가 한 번도 없었다.

뉴욕과 조지아주는 부동산 라이센스를 상호 인정해주지 않는다.

그리하여 20년 전의 부동산 수업을 다시 수강했다. 그리고 어차피 알고 있던 내용이어서 어렵지 않게 조지아 라이센스를 획득했다.

먼저 가장 잘할 수 있는 분야를 파고들었다.

주택거래는 매매가 빨리 성사가 되어야만 수입이 금방 발생한다. 그러나 상업용 매매거래는 많은 경험과 시간이 소요되어 웬만한 중개인들이 꺼려한다. 당연히 어렵고 힘든 상업용 거래를 택했다. 마지막이라는 승부수와 함께 시작이 힘들고 어려운 길을 선택했다. 나중에 웃을 수 있는 사람이 되고 싶었다.

부동산 거래는 사실 어렵지 않다. 계약과 동시에 은행융자를 고객이 결정하고 시간이 지나 은행에서 융자승인이 나면 매매가 성사되는 것이다.

어느 정도의 시간과 경험을 통해 부동산시장의 활황 시에는 무척 바쁘지만 경기가 하강해서 부동산시장이 한산하면 고객들 반응도 냉담해진다. 경기하강은 고객도 등을 돌리고 중개인들도 다른 직종으로 잠시 전업한다.

그런데 부자들은 남들이 떠나고 가격하락이 시작할 때 사들이기 시작한다. 진정한 부자 고객이 몇 명만 있어도 부동산 중개인은 살아남는다. 또한 바닥을 찍고 상승시점을 기다리면서 부족한 지식을 습득해야 한다. 고객의 니즈에 부합하려면 부동산과 금융 분야의 정확한 지식과 정보를 알고 있어야 한다.

부동산이라 해서 부동산 거래만 알고 있다면 시장에서 도태된다. 고객이 더 이상 자신보다 부동산 지식이 부족하다고 생각하면 오산이다. 인터넷의 발달로 여기저기서 새로운 정보와 지식을 중개인보다 더 많이 알고 있는 것이다.

미국에서 살고 있는 대부분의 한인들은 1970~1990년대는 엄청난 현금을 벌어들였다. 노동 집약적인 비즈니스 그리고 가족 구성원으로 이루어져 많은 현금을 축적할 수 있었다. 현금이 넘쳐나서 은행으로부터 대출은 건물과 주택 매입 때뿐이었다. 심지어 종업원들의 급여와 물품대금도 현금으로 지불을 했다. 정부에 세금 또한 작게 보고해서 금융기관의 대출과 자금 활용은 엄두도 못 냈다.

그러나 인터넷의 발달과 새로운 산업의 IT 접목기술로 현금거래는 점점 거래가 줄었다. 스마트폰의 등장으로 세상은 온통 IT 기술을 통한 결재가 이루어지며 4차 산업혁명의 블록체인이 미래 산업의 핵으로 떠올랐다. 암호 화폐의 등장은 사회의 중추세력인 4~50대들도 멘붕 상태로 만들어 버렸다.

이민 30~40년이 지난 오늘에서야 이민 1세들의 상황은 나빠졌다. 점점 과거만 회상하고 앞으로 나갈 생각을 못 하고 있다. 젊어서 세금도 누락하고 적게 보고해서 은퇴를 앞두고 밤잠을 설치며 적은 액수의 연금으로 노후를 걱정하는 세대로 전락했다.

지금부터라도 그동안의 이민 경험과 노하우를 바탕으로 잘 몰랐던 금융공부를 해야 한다. 3개월만 투자해도 100세 시대를 두고 절대로 늦지 않는다. 그러나 나의 고객들 대부분의 5~60대들은 '늙은 나이에 뭘 배웁니까?' 하고 반문한다. 사실 다른 상황에서는 아직도 청춘인 양 행동을 하면서 배움과 돈 버는 데는 유독 게으르고 쉬운 길로만 가려고 하니 돈도 그런 상황을 아는지 따라주질 않는다.

'강철왕' 앤드류 카네기는 인간은 성장하는 동안은 노화하지 않는다고 말했다.

나는 그동안의 이민생활과 경제적으로 어려웠던 시절을 떠올리며 금융일기를 쓰고 있다. 금융일기를 매일 기록하면 돈에 대한 애착도 생겨나고 돈을 벌 수 있는 아이디어도 구체적으로 다가온다. 게다가 자기계발서를 읽고 머리로 이해하는 것이 아닌 마음으로 흡수한다면 사업에 많은 도움이 될 것이다. 조셉 머피 박사의 자기계발서 중에서 '마음 수업'과 '잠재의식의 힘'을 읽는다면 새로운 도전을 할 수 있는 자신을 발견하게 될 것이다.

미국의 금융 시스템을 조금만 관심을 갖고 배운다면 아마 상당한 보화를 숨겨둔 밭을 매입할 수 있는 혜안을 얻을 것이다. 배울수록 새벽까지 잠도 멀리 달아나고 꼭 새로운 기적이 자신한테 일어날 수도 있다고 여길 것이다.

우리 속담에 '배워서 남 주느냐.'라는 멋있는 표현이 있다. 물론 몰랐던 것을 알게 되면 으스대고 여러 사람들에게 폼을 잡기도 할 것이다.

요즘에는 한글로도 미국 금융 시스템을 공부하기 쉬운 세상이 됐지만 내용이 딱딱하고 재미가 없어서 중도에 포기한다. 옆에서 설명해주는 멘토만 있어도 도움이 될 텐데 그렇지 못한 여건이다 보니 남의 성공이야기만 어깨너머로 배우는 정도이다.

정말로 돈 잘 버는 사람들은 시간이 부족하다. 그리고 돈 버는 재미와 개인 여가를 위해서 방송에 나올 시간이 없다. 뿐만 아니라 자신과 고객들의 다양한 투자 포트폴리오를 구성하고 수익을 올릴 수 있도록 시간을 쪼개서 하루를 보낸다.

24시간도 짧은데 이 방송 저 방송, 유튜브, SNS에 계정을 올려가면서 자신만의 투자방식이 최고인 양 동분서주하고 있다. 혹시 방송과 유튜브 강의로 돈을 벌고 있는 것은 아닐까?

적은 액수로도 투자에 실패하면 피가 거꾸로 솟게 마련이다. 하물며 이런저런 강의와 검증되지 않은 단타성 투자 제안은 결국 많은 희생을 강요하는 결과가 된다. 인기 있는 방송, 강의를 듣지 마라는 게 아니다.

자신의 지식을 점검하면서 제대로 배우면서 결과에 만족하라는 것이다. 예전처럼 노동해서 예금과 적금 들어 집 사고 사업하는 시대는 지났다.

정보와 지식을 모르고 덤벼든 무지의 쪽박 찬 사람들 이야기가 인터넷과 방송에 비일비재하게 많다.

신문의 경제기사도 탐독하고 책도 일주일에 최소한 한 권씩 읽어야 한다. 그리고 멘토를 통해 정기적으로 자문을 받는다면 다양한 방법과 길이 열린다.

이 정도의 배움의 시간을 투자하고 사업을 시작해도 늦지 않는다. 유행하는 것과 남들이 하는 것을 무작정 따라가면 반드시 실패한다.

우리는 100세를 바라보는 시대에 살고 있다. 만약 먹고사는 것이 기본적으로 갖추어져 있다면 결코 서두르지 말고 배움에 투자가 으뜸이다.

〈성경〉 산상수훈 말씀에, '구하라, 그리하면 너희에게 주실 것이요, 찾으라, 그리하면 찾을 것이요, 문을 두드리라 그리하면 너희에게 열릴 것이니'라고 잠재의식에 되새겨보자. 무의식중에도 뇌에서 자동 반응을 할 것이다.

자신을 위한 투자에 배움을 최우선으로 하고 3개월만 지속한다면 부자의 자격을 갖출 수 있다.

아는 만큼 보이고,
보이는 만큼 성공한다

1980년 초, 나는 군에서 제대하고 바로 복학을 했고, 본격적으로 유학을 준비하면서부터는 아예 학교 도서관에서 책과 씨름을 했다. 전공 수업과 토플 준비로 눈코 뜰 새 없이 바쁘게 생활했다.

사회의 힘든 모습을 보면서 넓은 세상으로 가고 싶었고 새로운 도전과 지식을 갈망했다.

제대 후 부모님께는 취직을 준비하는 것처럼 말씀드렸다. 유학을 준비하는 모습을 부모님이 아시면 섭섭해하실 것 같았다. 이제까지 힘들게 대학졸업까지 시켜서 번듯한 대기업에 취직되면 어느 정도는 자식의 도움도 생각하셨을 것 같았다.

더군다나 아는 사람 한 명 없는 이역만리로 가는 아들을 쉽게 보낼 수 없으셨으리라. 특히 어머니는 가난은 전쟁세대인 자신의 세대에서 멈추기를 바라셨다.

어찌 했든 토플 시험을 치르고 미국의 대학원에 입학허가서를 받기까지 혼신의 노력과 준비를 했다. 혼자가 아닌 갓 결혼한 아내와 함께였다.

우여곡절 끝에 결혼을 하였기에 유학준비 기간은 짧았고 1년 치 학비를 어렵게 만들었다.

일 년 후부터 졸업까지는 미국 현지에서 충당할 각오로 출국을 서둘렀다. 지금 와서 생각해보면 용감하기도 했지만 상당히 무모했다. 미국만 도착하면 모든 일이 일사천리로 진행되리라 생각했던 것이다. 사람 사는 데 설마 목구멍에 거미줄 치겠나 하고 막연히 생각하고 스스로 자문자답했던 것이다.

맹자의 어머니가 자식 교육을 위해 세 차례나 이사를 해야 했던 시대에 사는 것도 아니다. 단지 혼란스러운 한국을 벗어나서 시야를 넓히고 선진 문물을 보고 배우고 싶었다. 서구의 새로운 문물을 배워서 가난을 벗어나고 싶었다.

해외에서 귀국한 유학파 교수들 수업은 당시로는 최고의 인기를 누리고 있었다. 교수들은 자원이 부족하고 수출위주인 대한민국에서는 선진 문물지식과 경험을 활용해야 신흥강국으로 발전할 수 있다고 강조했다.

뉴욕에서의 사업실패 또한 거쳐야 할 인생의 일부분이었다. 미국으로 오기 전까지는 시야도 넓히고 새로운 지식과 문물을 받아들여야 한다고 생각했었다.

그러나 막상 미국으로 도착해서 정착한 후의 내 생각은 안정된 생활을 유지하기에 급급했다.

화장실 들어갈 때와 나올 때의 생각이 다르듯이 일상생활 유지에만 익숙해졌다. 이러려고 미국에 정착했던 것일까? 우물 안의 개구리가 바라보는 하늘을 보려고 미국에 온 것이 아니었다. 나뿐만 아니고 관습에 얽매여 편하고 안정된 모습대로 살아가려는 교포들이 대다수였다.

당시의 교포들은 진행하는 사업의 대부분을 전문적 지식 없이 '남이 하니 나도 한다.'라는 막가파식이었다.

나의 시야도 막히고 안정을 추구하다가 새로운 사업도 더 이상 진척되지 않았다. 실패의 원인은 나의 나태와 지식과 정보의 부재였다. 돈만 바라보다 돈도 못 벌고 실패의 나락으로 떨어졌다.

내가 바라보는 곳이 세상 전부가 아니었던 것이다. 바라보이지 않는 세상도 존재한다는 사실을 깨달았다.

'맹모삼천지교'는 맹자의 학업을 위하여 자주 이사를 다니다 마지막으로 서당 근처로 이사 오면서 책을 스스로 읽게 만든 맹자의 어머니를 묘사한 글이다.

시야를 넓히기 위해 미국으로, 세계경제의 중심인 뉴욕으로, 그리고 40대 후반엔 한적한 애틀랜타로 옮겨왔다.

미국 동남부의 애틀랜타로 이사 오기 전 잠시 근무했던 미국 회사에서 여러 번 출장으로 왔던 계기가 나를 다시 비즈니스로의 도전할 용기를 갖게 되었다.

인간은 참으로 간사스럽고 치사했다.

다시 시작한 부동산 사업으로 그동안의 재정적 어려움이 웬만큼 사라지자 다시는 사업을 할 생각이 없었다. 그러나 마음속 한편에 도사리고 있는 미국으로 온 목적을 지울 수는 없었다.

사람은 쉬지 않고 생각을 하는 동물이며 만물의 영장이라고 스스로를 위로하면서 어쩌면 내 인생의 마지막일지도 모르는 도전에 나섰다.

무역도 해서 망했고, 엔터테인먼트도 잘 성장하다가 실패했다. 부동산 투자 사업도 엄청난 자금난으로 별로 오래 지나지 않아서 은행과 채권자 그룹에 넘어갔다. 인터넷 이커머스 사업도 잘 알지도 못하면서 지인의 권유에 들어섰다가 한 푼도 건지지 못하고 뒤로 물러섰다.

무엇을 해도 망하는 운명을 안고 태어난 것 같았다.

이런저런 생각이 주마등처럼 지나면서 불현듯이 떠오르는 생각이 부동산 관련 금융 비즈니스였다. 그리하여 부동산 소개업으로 돈을 벌어서 부동산을 매입했다.

당시 80년대 후반 투자했던 부동산 가격의 폭등으로 운 좋게 돈을 벌게 되어 대기업처럼 하고 싶었던 무역업을 했던 생각이 스쳐 지나갔다.

스스로 놀라서 두 손으로 흥분된 가슴을 쓸어 내렸다. 바로 부동산 투자 그리고 부동산 관련의 금융 비즈니스가 내가 제일 잘할 수 있고 문제가 발생했을 때 잘 해결할 수 있는 사업 아이템이었다.

정말로 시야가 좁으면 보이는 세상이 전부이다.

어느 순간 시야를 넓히고 바라보면 아는 만큼 보인다.

우물 안 개구리가 되기 싫었다.

당시 애틀랜타의 부동산 시장은 한창 뜨겁게 떠오르는 미국 시장 중 하나였다. 돈 한 푼도 없이 주택을 매입하기 좋은 시장 조건을 갖추고 있었다.

나는 학군을 우선적으로 생각하고 나중에 임대를 놓기에 적당한 주택을 선정했다. 다음으로 오랫동안 주인이 멀리 살고 있어 관리가 안 되고 있는 주택을 찾아 다녔다.

담당 부동산 전문인에게 집주인이 세 가지 조건을 받아들이면 가격을 깎지 않겠다고 했다.

세 가지 조건은 다음과 같았다.

첫 번째는 주택매입 계약금을 매도주택의 자산을 활용하여 은행 대출을 받을 수 있도록 매도인의 협조를 요청했다.

두 번째는 오랫동안 빈 집의 수리를 위해 매수인에게 비용을 지불할 것.

세 번째는 다른 주에서 이사를 해야 하므로 주택계약 종료시한을 계약 후 3개월로 연장해주는 것이었다.

당시 애틀랜타 주택거래는 계약 후 2주 안에 주택 매입을 종결해야 했다. 글로벌 경제위기 전의 애틀랜타의 부동산시장은 황금시장과 셀러스 마켓(매도인)이었다.

금융기관의 대출은 눈 감고 서류를 제출해도 나올 정도로 감독과 관리가 허술했다. 활황의 경기가 오래 지속될 것처럼 돈을 못 빌리는 사람만 바보가 되는 풍조였다.

나에겐 잊을 수 없는 거래였고 하늘도 내 마음의 기도를 들으셨는지 알 수 없지만 나는 천신만고의 기회를 잡을 수 있었다.

거래가 성사되어 계약을 했고 계약을 마치고 주택 수리비 비용을 받아 장장 1,000마일의 이사와 앞으로 부동산사업의 대장정을 선언하게 되었다.

하늘은 스스로 돕는 자를 돕는다고 했던가.

이와 같은 방식으로 주택을 한 채 더 구입해서 임대를 놓고 임대사업 부동산 구입과 관련된 금융자금 마련을 위한 비즈니스를 시작했다.

그나마 뉴욕에서 부동산 사업과 유대인들의 부동산 관련 투자방법을 익히 알고 있어서 실행에는 문제가 없었다.

예전엔 팔방미인은 잘하는 게 하나도 없고 생명이 짧다고 해서 좋은 표현이 아니었다. 그러나 지금 세대는 한 가지만 잘해서는 자기발전도 더디고 먹고 사는 데도 힘들다고 토로한다.

아마존을 보라. 전자책 서점으로 시작했다가 세상에 없는 물건이 없을 정도며, 가장 싸게 판매하는 플랫폼이라고 모든 사람이 당연하게 인정하고 있다.

미국 부동산이라고 먼저 기죽지 말고 덤벼들어 보라.

한국의 부동산보다 몇 배 이상으로 쉽다. 한국에선 불가능한 기업

금융의 레버리지를 활용하면 미국의 수익률이 안정적이고 한국의 수익률을 훨씬 상회한다.

또한 지속적으로 레버리지 투자를 진행해서 부동산 임대사업으로 크게 키울 수 있는 나라가 미국이다.

남녀노소를 막론하고 다시 도전을 한다면 안정적이며 자금력이 풍부하면서 개인과 기업의 신용 및 운영자금을 손쉽게 활용할 수 있는 새로운 미국의 부동산 투자와 부동산 관련 금융시장으로 진입할 수 있다.

09

부자의 생각을 훔쳐라 그러면 부자가 된다

한때 뉴욕 롱아일랜드의 북쪽 바닷가와 우리 집의 뒷마당이 연결된 곳에 살았다. 주말이 되면 동네 주변의 상가들이 사람들로 북적거렸다.

그러나 막 이사 와서는 일이 바쁘다는 핑계로 가족들과의 한가로운 시간을 보내지 못했고 사업 실패로 약 3년을 실업자 아닌 백수로 지냈다.

은행과 법원으로 불려 다니고 일자리를 찾는다고 하여 마음대로 일도 할 수 없었다. 오갈 데 없으니 할 수 없이 아이들과 많은 시간을 지낼 수 있었다.

그런데 사정 모르는 사람들은 한낮 그것도 주중에 아이들과 보내는 나를 부자처럼 대했다.

억지로 아이들과 시간을 보냈지만 아직 초등학교와 프리스쿨(한국의 유치원에 해당)을 다니는 이이들은 아빠의 속마음도 모르고 마냥 즐거운 시간을 보내는 것 같다.

대부분의 부자들은 일도 엄청 하지만 가족들과 함께 많은 시간을 보낸다.

보통 휴가를 통째로 한 달씩 내고 가족과 함께 보낸다. 스트레스도 날리고 새로운 에너지를 얻고 일터로 복귀하는 것이다.

가족과 함께 즐겁게 놀면서도 중간 중간 사업에 필요한 아이디어를 갖는다. 그리고 무엇을 해야 할지 기가 막힐 정도로 승부 근성이 강하다.

부자들은 자신들이 원하는 것을 얻는 첫 번째 단계가 무엇인지 아는 것이다.

일본의 유명한 작가인 기시미 이치로의 저서 '아무것도 하지 않으면 아무 일도 일어나지 않는다.'처럼 부자들은 바라는 목표를 향해 달려간다.

나의 가난은 나로 인한 것이지 결코 타인의 산물이 아니었다.

나는 가난을 핑계로 나의 변화를 진정으로 준비하지 않았다. 가난 속 내 자신의 상황에 대해 불평을 거침없이 내뱉는 일의 반복이었다. 이럴 때 부자는 나에게 어떻게 질문을 해올까?

왜 곤궁한 삶에서 벗어나기 위해 뭔가를 하려 하지 않느냐고 질문을 할 것이다. 그러면 나처럼 가난한 자들은 그렇게 할 수밖에 없는 수천 가지의 이유를 대며 그럴 수밖에 없었던 자신들의 당위성에 열변을 아끼지 않을 것이다.

그들은 자신들의 가난해진 상황을 바꾸기 위해 엄청난 변화를 거부한다. 결국 그들은 진정한 변화로의 준비가 되어 있지 않은 것이다.나무는 자주 옮겨 심으면 죽지만 사람은 움직여야 생명을 유지할 수 있다.

부자들은 하루 종일 바쁘게 움직이지 않는다. 그리고 새로운 관계들을 맺는 데 주저하지 않는다.

중요해 보이지 않는 어떤 만남이 문제를 해결해줄지 부자들도 모른다. 그러나 '아무것도 하지 않으면 아무 일도 일어나지 않는다.'것을 무의식 속에 스스로 심고 행동으로 보여준다.

가난을 겪은 부자는 더 이상 가난을 원하지 않는다. 가난 속에서 말할 수 없는 공포와 두려움을 느꼈기 때문이다.

지난날의 가난을 통하여 부자가 되면 하면 안 되는 버킷 리스트를 얻는 유익도 있다. 가난을 몸으로 익혔기 때문에 배움의 자세로 나가게 해준다. 고난의 경험으로 새로운 도전을 가지게 되는 것이다.

진정한 부자가 된다면 ' 왜 부자가 되려고 하는가?'에 답을 준비해야 한다. 막연히 돈을 많이 벌고 싶어서였다면 하늘은 그러한 재물을 내리지 않을 것이다.

인류문명을 더 발전시키고 사람 사는 세상을 만들 수 있다면 부자가 될 수 있다. 결국 사람이 부자 되는 것이지 과학이나 기술이 부자가 되지 못한다.

돈도 사람이 움직이고 금융도 사람이 움직인다.

부자들은 살기 위해 일하는 것이 아니라 일 자체가 생활이다.

부자들은 사회적 교류를 통해 서로에게 강하게 영향을 미치며 그에 따라 그들의 세계를 더욱 동질화시킨다.

인류의 석기 시대가 끝난 것은 돌을 다 써버렸기 때문이 아니라 돌보다 더 나은 것을 발명했기 때문이다.

그렇다. 부자들의 논리가 바로 이 점이다.

어제보다 오늘을 소중하게 그리고 내일은 더욱 많은 꿈들이 이루어지도록 행동하는 것이다.

빨리 가고 싶을 때는 바람의 속도로, 멀리 가고 싶으면 함께 가는 부자들의 생각을 배워야 한다.

부자는 더 많이 생각하지 않는다. 가난한 자보다 다르게 생각하는 것이다.

피카소는 '좋은 예술가는 남의 것을 모방하고 훌륭한 예술가는 남의 것을 훔친다.'고 말했다.

부자들은 남의 생각을 훔쳐서 자신의 생각과 더불어 새로운 시스템을 구축한다. 학창시절을 생각하면 의문이 어느 정도 풀린다. 선생님들은 당연히 자신이 가르치는 과목을 학생들보다 더 잘 이해한다. 부모와 학생들은 이에 동의하기 때문에 학교 수업을 듣는 것이다.

수영을 잘하려면 수영강사에게 배워야 한다. 몸이 아플 땐 의사를 찾는 게 당연하다. 그런데 왜 비즈니스를 시작할 때는 동일한 생각을 갖지 않을까?

힘들게 고생하면서 혼자서 해결하려고 발버둥 치는지 이해할 수 없다.

결국 비즈니스가 망해서 다시 도전해도 성공한 사업가의 멘토링이 없다면 또 실패를 맛보게 된다.

부자들과 성공하는 사람들은 부자들과 파트너십을 맺고 그들의 코치, 멘토링 그리고 네트워크에 투자한다.

나는 세 번의 실패 후 이 세상에 공짜는 없으며 아무도 도와주지 않는다는 사실을 뼛속까지 새겼다.

가난을 벗어나고 싶었다. 그리하여 부자들과 성공한 사람들의 자서전을 닥치는 대로 읽고 그들의 생각과 행동을 따라 했다. 무의식 중에도 나는 부자였고 부자처럼 행동했다.

진정한 부자는 실패를 두려워하지 않는 언제나 겸손을 실천하는 사람들이다.

겸손한 자가 부자가 된다.

교만해도 부자는 될 수 있다. 사회의 시선은 안중에도 없고 자신의 탐심을 이용해 자신의 대에는 부를 지킬 수 있다. 하지만 부를 자녀에게 물려주는 순간부터 재물과 자녀를 동시에 잃게 된다.

교만으로 자기계발을 하지 못한 자녀는 부모의 재물을 지킬 수 없다. 〈성경〉 속의 '욥'이 다시 부자가 될 수 있었던 것은 하늘을 향한 철저한 자신의 잘못된 회개와 겸손이었다.

고난을 겪지 않고서는 겸손하기가 어렵다. 또한 겸손은 돈 주고 배울 수 있는 학문이 아니다.

부자들은 가난한 사람들의 이야기를 듣고 가난 때문에 얻는 유익을 세상에 되돌려 주는 겸손을 배워야 진정한 부자라고 말한다.

배움을 쉬어서는 안 된다.

'배워서 남 주냐?'

어릴 때 부모님으로부터 귀 따갑게 들었던 말이다.

가끔씩 밖에서 늦게까지 놀다가 숙제를 하려고 책상에 앉았을 때 어머님들이 '숙제 안 하니?' 하고 종종 말할 때가 있다.

그런 말을 듣는 순간 대부분 자녀들은 신경질적으로 변하고 하던 숙제를 덮어버릴 것이다. 그러나 부자가 되려 한다면 어떤 강요도 감당해내야 한다.

짜증나고 신경질을 부려 포기하면 부자 되기는 멀어진다.

간단한 일도 어렵게 만드는 현대 금융 시스템 탓에 많은 사람이 부자로 가는 길을 중도에 멈춘다.

배우지 않으면 사회로부터 도태되고 정부 당국의 규제 지침도 모르게 된다. 금융만 잘 배워도 은행처럼 적은 돈으로 많은 자금을 활용할 수 있다. 자본주의의 접근에 용이하려면 배움을 게을리해서는 안 된다.

제3장

부를 끌어당기는
부자들의 라이프스타일

01

부자들은 내일을
믿지 않는다

가난을 겪으면서 한 가지는 확실하게 알았다.

타인들은 동정으로 위로하지만 가난을 벗어나는 방법을 알려주지 않는다는 사실이다.

어찌 보면 알아도 알려주고 싶지 않을 것이다.

대부분 쉬운 방법으로 빨리 벗어나려 하기 때문에 가난을 벗어나기가 쉽지 않다. 한 가지 문제를 해결하고 나면 다른 문제가 터져 나온다. 돈 문제만 하더라도 가장 힘든 부분을 어느 정도 해결하면 불쑥 예기치 않은 곳에서 채권자들이 나타난다. 결국 밑 빠진 독에 물 붓기 시작이다.

가난을 벗어나서 성공한 부자들은 이런 점들을 잘 알고 있어서 웬만해서는 잘 도우려 하지 않는다. 가난 속에서도 말 못 할 사정과 욕심을 내려놓지 않아서 부자들은 가난한 자들에게 동정적 방법으로 나서길 싫어한다.

밥과 김치만 먹어도 좋다고 하다가도 조금만 형편이 좋아지면 고기도 먹고 싶은 욕망을 드러내는 법이다. 그러니 주위에서 도움의 단계를 정하기가 쉽지 않다. 속된 말로 '말짱 도루묵이 되는 것이다.' 그만큼 가난을 겪다 보면 먹는 것에 눈부터 뒤집혀서 다시 가난의 길로 몇 번씩 돌아가곤 한다.

나는 뉴욕에서 이주하면서 하늘에 약속드린 것 중에 하나가 혼자 먹을 때는 '일 식 일 찬'을 지키는 것이었다.

아내는 친정아버지의 영향으로 어려서부터 반찬 여러 개가 밥상에 오르지 않으면 숟가락을 들지도 않았다. 여태껏 소식을 실천하면서도 밥상에 7~8가지의 반찬을 차린다. 그러나 나는 아내의 한국 방문 시 집에 혼자남아 식사할 때는 '일 식 일 찬' 약속을 지금까지도 이행하고 있다. 오랜 습관과 정신이 몸에 배어서 하늘과 땅에 감사하며 먹는 것에 그다지 신경 쓰지 않는다.

가난할 당시는 먹는 것도 스트레스였고 무척 서글펐다.

부자로 성공하면 맛없는 음식도 정말 맛있게 먹을 수 있을 것 같았다. 왜냐하면 다시 힘들고 어려워져도 음식으로 스트레스를 받고 싶지 않아서이다.

먹어야 살고 그래서 생명이 붙어 있는 한 내일을 맞이한다. 만약 아침에 눈을 뜨지 못한다면 내일은 영원히 없는 시간이다.

'없을 때 잘하지 말고, 있을 때 잘해라.'는 말처럼 오늘의 할일을 말끔히 정리를 못 하면 내일이 와도 뒤죽박죽이 되고 엉망진창이 되는 것이다.

오늘은 바빠서 내일 결정한다고 반드시 원하는 결과를 얻는다는 보장이 없다.

투자자로부터 사업자금이 승인이 났다면 오늘은 참고 내일 받고 싶은 사람은 별로 없을 것이다. 내일 투자자가 마음이 변해 투자를 중지할 수도 있기 때문이다. 특히 은행에서의 대출은 시간을 다투어 오늘 중으로 펀딩을 받고 싶지 내일로 미루지 않는다.

금융기관의 대출은 가난하거나 빚이 많으면 100퍼센트 거절당한다. 은행의 대출도 투자자들의 참여도 사업이 잘될 때 미리미리 준비하여 힘들고 어려울 때 대비해야 한다. 사업이 한창 무르익으면 언젠가는 시들해질 때가 반드시 찾아온다.

부자들은 항상 전략적으로 생각하고 만반의 준비를 한다.

내일도 안 믿고 오늘도 지나가기 전엔 방심을 하지 않는다.

오래전 로스앤젤레스에 목회자 사모인 안이숙 여사의 '내일 일은 난 몰라요'라는 성가곡에도 절절히 표현하고 있다.

땅의 내일도 하늘의 내일도 모르는데 내일 태양이 다시 뜬다고 오늘을 내일로 미루지 말아야 한다.

나는 글로벌 금융위기로 내일을 믿지 않는 풍조가 생겼다. 오죽하면 화폐를 너무 찍어내 헬리콥터로 살포했다고 언론에서 빈정댈까.

경기 연착륙에 실패하면 당연히 인플레이션으로 화폐가치가 떨어질 것이다. 물가의 인상도 불가피하다.

가난은 더욱 궁핍해 거미줄 치게 생겼고 반면에 부자들은 더욱 큰 부자가 되려고 눈을 크게 뜨고 덤벼들며 내일까지 기다리지 않는다.

세 번이나 실패를 하고 나니 뉴욕에서의 생활이 힘들었다. 대인기 피증도 문제였지만 경제적으로 생활하기가 시간이 갈수록 어려워졌다.

그리하여 몇 년을 뉴욕을 벗어나려고 발버둥을 쳤다. 그러나 다른 곳으로 가고 싶어도 돈이 없어 갈 수 없었다.

가난의 시간이 길어지면서 내일이 없었으면 좋겠다고 생각했다.

마음의 낙심이 너무 컸다.

아내는 나보다 늦게 신앙인이 되었는데도 믿음만큼은 굳건했다.

'처음 된 자가 나중 되고 나중 된 자가 처음 된다.'는 말씀이 실감났다.

절박한 심정으로 하늘에 기도를 드리는 아내를 생각하면서 가난의 시련도 어느덧 끝나가고 있었다.

과거 가난의 가슴 아팠던 기억들을 지우기 시작했다.

가난의 시련을 나의 것으로 받아들이고 헤쳐 나와야 무엇이라도 잡힐 것 같았다. 가난을 벗어난다면 다시는 한눈팔지 않고 시련의 경험을 통해 남을 도울 수 있는 멘토가 되리라 결심했다.

'가난의 시련을 거친 자만이 내일의 가난을 막을 수 있다.'고 다짐했다.

02 부자는 실패를 두려워하지 않는다

애틀랜타로 이주하면서 마음속에 다짐한 것이 두 가지다.

하나는 그동안의 실패를 거울삼아 똑똑한 부자가 되는 것이고, 둘은 피폐된 정신과 육체를 완벽하게 회복시키는 계획이었다.

서로 분리시켜서 생각할 수 있는 것이 아니라 두 가지를 제대로 하지 않으면 모두 잃고 만다.

우선순위를 정해놓고 매일 산으로 향했다.

집에서 제일 가까이 있는 스톤 마운틴(말 그대로 '바위산'이다.)에 비바람이 쳐도 우산을 받쳐 들고 다녔다.

1년 후부터는 서울 근교의 경사가 가파르지 않은 야산 같은 '케네소 마운틴'을 오르내리고 있다. 벌써 13년째를 다녀서 산도 나를 알아채는 것 같다.

'산'과 '부자'는 아무런 상관관계가 없다. 그러나 둘의 관계는 웬만한 사람들의 로망이고 성취하기가 어렵다.

혹자들은 어차피 오르면 내려와야 할 '산'을 힘들게 왜 올라가느냐고 한다. 그러면 부자는 왜 그토록 되려고 하는가?

결국 영원히 사는 것도 아니고 현재의 상황대로 살아가면 될 것을 말이다.

산을 오르다 보면 누구나 힘들어서 중도에 포기하고 오르던 길을 다시 내려온다. 그리고는 다시 오기가 쉽지 않다.

힘들게 산을 올랐던 기억을 떠올리게 되면 산보다는 집으로 향하는 발걸음에 익숙해진다. 이처럼 마음은 원하지만 육신은 쉬운 길로 가고 싶은 것이다.

계속되는 습관에 마음과 육체도 합력하여 하나가 된다.

강철왕 카네기는 가난은 명확한 계획이 없으면 습관이라고 지적했다.

부자의 길도 별로 다르지 않다. 시작은 쉽게 할 수 있다. 그러나 힘들고 어려운 상황이 닥치면 대부분 피하거나 쉽게 포기한다. 그러면서 사업은 함부로 하는 게 아니라는 등, 사업하는 머리는 따로 있다는 등, 본인의 실패를 색다른 변명으로 포장한다. 그리고 자신은 참모 스타일이어서 사업과는 맞지 않는다고 떠벌리고 다닌다.

사업하는 사람과 참모는 태어날 때 결정되지 않는다.

힘들고 어렵지 않은 세상일은 없다.

'한 번 실수는 병가지상사'라는 의미를 생각해보면, 어떤 일이든 실수나 실패가 있을 수 있다.

사람들은 힘들었던 등산을 생각지 않듯이 한 번의 실패에 놀라 부자 되기를 쉽게 포기한다.

산을 자주 찾을 거면 처음부터 동행이 있으면 좋겠다. 아무래도 혼자보다는 성공할 확률이 높다. 산행이 몸에 익숙해지면 혼자서도 무난하게 오르내릴 수 있다. 때가 되면 어느 날부터 몸이 움직여 산으로 향하고 있는 자신을 발견하게 된다.

어느새 산행의 즐거움으로 정신도 육체도 강건해졌다. 처음 시작이 힘들지 시간이 갈수록 편해지는 것을 등산을 해본 사람은 누구나 인정할 것이다.

산은 예나 지금이나 그 자리에 그대로 있다.

산에 오르는 사람들의 기분에 따라 산행의 고통과 즐거움을 극과 극으로 표현한다.

마음의 무거운 짐을 내려놓고 산에 오른다면 정상에 쉽게 오른다.

사업도 처음부터 완벽하게 준비해도 여러 상황의 예상치 못한 변화에 고전을 면치 못한다.

이런 면에서 사업은 산과 확연히 다르다.

힘들면 산에 가지 않아도 된다. 산은 그래도 없어지지 않는다.

사업에 실패하면 다시 도전할 수 있다. 그러나 똑같은 사업의 형태는 지속적으로 유지되지 않는다. 그럼에도 불구하고 인간은 창조주의 산물이며 위대한 만물의 영장이다. 수없이 도전하여 마침내 꿈과 비전을 이루어낸다.

여자는 가냘픈 갈대 같지만 어머니는 강하다.

'성공은 실패의 어머니'다. 부자와 가난한 자 그리고 성공한 자들

모두 가냘픈 여자요 강한 어머니로부터 태어났다.

성공은 쉽게 바라고 원하면서 실패는 왜 두려워하는가. 눈물 젖은 빵을 먹고 성공한 사람들의 이야기를 경청하면 실패로부터 뜻밖의 새로운 도전의식을 부여받고 다시 시작한다. 그들도 실패를 두려워한다. 두려움을 넘어선다면 성공의 문을 지나게 된다.

결국 사업도 처음부터 파트너십을 지혜롭게 활용한다면 '백지장도 맞들면 낫다.'는 말이 실감난다.

빌 게이츠는 파트너십에 대해 이렇게 말했다.

"부자가 되려면 파트너십을 맺어라."

빌 게이츠는 최고의 자리에 있는 사람들, 자신을 들러리로 만드는 사람들과 파트너십을 맺는 것을 좋아했다. 그는 그것을 굉장히 행복하게 여겼다. 그에게 기회를 열어주고 새로운 것을 가르쳐줄 수 있는 사람들로부터 배울 수 있는 가능성 때문이다.

혼자서 실패하는 것보다 파트너들의 다양한 경험을 통해서 성공으로 가는 길을 택한다면 설령 실패를 해도 다시 도전할 수 있는 발판을 마련할 수 있다.

뉴욕에서의 나의 실패는 어느 정도 예견된 것이었다. 남이 잘된다고 할 때 덩달아 관심을 갖고 비즈니스를 열었다. 이미 시장은 포화상태로 경쟁자가 즐비했다.

시장 예측은 물론 고객들의 니즈도 파악하지 못하고 직감으로 사업을 간당간당 이어 나갔다. 더욱 한심한 것은 멘토는 물론 파트너십을 생각조차 할 수 없었다. 단지 성공 후의 커다란 파이를 나누기 싫어서다. 한 번도 아닌 무려 세 번씩이나 되풀이하면서 실패했는데도 독불장군이었던 것이다.

오래전에 '저격수의 전설'의 내용을 담은 미국 다큐멘터리 프로그램을 본 적이 있었다.

미 해군 특수부대 네이비 실^{Navy Seal} 출신의 저격수의 일대기를 아메리칸 영웅으로 묘사한 단편물이었다.

"명중할 수 있다는 확신이 100퍼센트 들 때만 방아쇠를 당기는 겁니다. 만약 확신이 99퍼센트라면, 더 좋은 기회가 올 때까지 기다려야 합니다."

얼마나 많은 실패를 했는지를 알 수 있는 상황이다.

실패할 때마다 적들로부터 심한 저항과 아군의 냉담한 반응을 감당하고 다음 기회를 기다렸을 것이다. 아마도 후유증과 두려움으로 다음 기회도 실패할지도 모른다는 생각이 들지도 모른다. 엄청난 훈련을 받고 저격수로의 임무가 배정되었으리라 생각한다.

비즈니스의 세계 또한 다르지 않다. 비전과 철저한 준비 없이 섣불리 덤벼들다간 백전백패 당한다.

손자병법의 모공 편에서 '상대를 알고 나를 알면 백 번을 싸워도 위태롭지 않다.'고 말한다. 상대를 파악하기도 전에 내 자신을 잘 알지도 못하는데 험난한 세상에서 승리할 수 있을까. 실패의 원인은 무지하고 준비 안 된 자신에게 있었다는 사실을 아는 데는 상당한 시간이 걸린다.

그러나 실패를 두려워하면 앞으로 한 발짝도 나갈 수 없다.

부자가 된 사람들의 공통점은 꿈과 비전을 제시하고 끊임없이 도전을 한다는 사실이다. 두려움도 어차피 자신이 헤쳐 나가야 할 문제다. 결국 실패와 성공의 결과도 자신의 몫으로 돌아온다는 생각으로 임한다.

　성공은 끝이 아니고 실패도 끝이 아니다. 중요한 건 계속하는 용기다.

03 여러 명의 전문가 그룹과 행동한다

어떻게 일을 전략적으로 해야 할까?

일과 생활을 조화롭게 병행하며 사회생활을 이야기해 줄 수 있는 멘토를 만나야 한다. 만약 그런 사람들을 만날 수 있다면 제4차 산업혁명의 시대가 열려도 인공지능과 관계없이 사람들의 관심을 지속적으로 모일수록 있다.

'손자병법'에서 손자는 싸우지 않고 이기는 것이 최고의 상책이라고 했다.

적을 싸우지 않고 이기기는 얼마나 힘들지 싸워봐야 결과를 예측할 수 있다. 그런데 싸우지 않고 어떻게 적을 물리칠 수 있을까. 바로 적을 훤히 알 수 있을 정보와 아군의 필승전략이다.

정보는 아군을 적진에 보내서 알아내기도 하지만, 적군을 포섭한다면 최고의 기밀을 손에 넣을 수 있어서 적군들의 심리상태를 이용한 기만전술을 사용할 수 있다.

전쟁 중에는 언제라도 목숨을 내놓고 적들과 대치하면서 승리를 위한 수단과 방법을 가리지 않고 동원해야 하듯이, 적을 알고 나를 안다면 반드시 승리를 거머쥘 수 있다.

하지만 여기에 숨어 있는 커다란 문제가 놓여 있다. 적은 잘 알겠는데 사실 나를 몰라도 너무 모른다는 것이다.

모든 사람들이 자신을 속속들이 알고 있다고 생각하는데 혹시 자기 스스로 체면에 걸렸는지 아니면 자신의 능력을 과대평가하는 건 아닌지 확인이 필요하다.

원래 인간의 본성은 남에게 통제받기를 싫어한다.

지금부터라도 늦지 않았으니 하루에 한 번만이라도 스스로 자신을 위한 시간에 투자해야 한다. 그리고 자신을 사랑한다고 외쳐야 한다. 그러면 주위의 사람들도 자신처럼 아끼고 사랑할 수 있다.

사업도 독불장군식으로 진두지휘하던 시대는 오래전에 막을 내렸다. 공유경제의 활성화와 인공지능의 도래로 사람들끼리의 관계가 점점 소원해지고 있다. 부자가 되려고 몸부림친다면 부자들이 절대로 말하지 않는 방법을 알아내야 한다.

부자들이 말하지 않는 부자의 방법들 중 제일 중요한 것은 전문가들의 자문을 즐겨듣는 사실이다. 물론 상당한 자문료를 지불해야 한다. 자문료를 비용으로 생각지 않고 투자로 여긴다는 사실이 중요하다. 부자들은 돈이 돈을 벌어주는 레버리지를 선호한다.

가난하고 힘들 때 컨설턴트, 변호사, 회계사, 증권 중개인, 부동산 전문인들로부터 수익률이 상당한 투자제안을 무료로 상담받은 적이 있는가?

무료상담을 해줄 이유가 없다. 혹시라도 그런 상황이 전개되어도 의심해 투자진행이 되지 않을 것이다. 자문료가 비싸기도 하지만 전문가들의 자문을 선택할지를 심각하게 고민한다. 결국 돈도 없지만 투자비가 아닌 비용으로 판단을 내리고 전문가들의 자문을 포기한다.

돈이 없다고 한탄하지 말고 돈을 활용할 때를 위하여 끊임없이 공부하고 전문가들의 자문을 구해야 한다. 시간이 돈이고 돈이 돈을 버는 레버리지 시스템을 구축해야 부자가 된다.

돈이 없으면 몸으로 때우고 인터넷 강의도 듣고 각종 온라인, 오프라인 무료 세미나를 찾고 또 찾아서 배우는 수밖에 없다.

실패를 밥 먹듯이 저질러보면 언젠가는 금의환향할 수 있고 성공하는 때가 반드시 찾아온다.

어쩌면 성공 한번 하는 게 성공을 지키는 것보다 쉬울 수도 있다.

유명한 전문가들 모임이나 개별적인 만남이 어렵다면 이제 새롭게 시작하는 새내기 전문가들과 모임을 찾아서 시작해도 늦지 않다. 그들 또한 경력과 새내기로 부자들로부터 외면을 받고 있기 때문에 고객을 애타게 기다리고 있다.

함께 어려운 시간을 보내며 서로에게 의지가 되고 미래의 투자 파트너로 기약한다면 세월은 거짓말처럼 흘러서 어느새 유명세를 타는 전문가와 부자가 된 자신의 모습을 발견할 것이다.

물은 항상 높은 곳에서 낮은 곳으로 흐르고, 인간은 낮은 곳에서 높은 곳만 바라본다. 결국엔 모든 물은 바다로 모여들 텐데, 절벽의 물은 왜 그리 빨리 흐르려고 하는지, 우리 인간들의 생활과 흡사하다. 결국에는 세상에 태어나기 전의 본향으로 돌아갈 텐데 왜 그렇게 서두르려고 하는지, 신이 아니어서 잘 모르겠다. 신이 존재하지 않았다면 인간은 모두 신으로 태어났을 것이다.

마찬가지로 전문가들도 처음 새내기 때부터 전문가들이 아닌 것이다.

부자들의 대부분도 금수저가 아닌 흙수저로 태어났다.

여러 방면의 새내기 사람들과의 교제를 시작하면 힘들고 어려울 때도 반대로 부자가 되거나 유명세를 타는 전문가가 되어서도 서로서로 이기는 게임에 참여할 수 있고 즐길 수도 있다.

애틀랜타에 정착한 지 3년 후부터 나에게도 새로운 전문가들의 적극참여로 공동 프로젝트를 진행할 수 있었다. 물론 모두가 새내기들이었다.

A 변호사는 유대인 변호사회사의 부동산 새내기 변호사로 시작해서 이제는 애틀랜타에서 독립된 자신의 로펌을 운영하고 있다.

금융기관의 컨설턴트들도 시작한 지 얼마 되지 않아 투자은행의 B 투자상담역, 글로벌 은행의 C 주택담보 대출 담당역 그리고 D 커머셜 대출 담당역으로 각자의 자리에서 전문가로 일하고 있다.

회계사들은 보수적이고 위험도가 높은 투자 사업은 회피하는 관계로 교제에 많은 어려움을 겪었다. 그리하여 나는 내 사업과 미래

내 고객들의 재무 및 경영 자문을 위하여 1년을 온라인, 오프라인으로 세무사 공부를 시작하여 세무사 자격증을 취득했다.

그리고 스스로 투자자가 되고 세무법인을 설립하여 2016년 12월까지 운영을 했다. 전문가가 되고 싶다면 최소 10년의 경력을 인정받아야 한다.

이제 부동산 투자에 금융기관의 자금활용과 새로운 부동산투자의 이모작, 이기작을 소개한다.

이모작이란 단일 경작지에서 서로 다른 작물을 1년에 번갈아 재배하는 농사방법이다. 같은 작물을 1년에 두 번 재배하는 것은 이기작이라고 우리말 사전에 명시되어 있다.

뉴욕에서 애틀랜타로 오기 전에 이미 거주할 주택을 노다운No Money Downpayment으로 장만했다고 밝혔다.

은행으로부터 100% 대출을 받되, 30년간 이자율 4.74%로 모기지 대출을 받고 매월 원리금으로 $1,300(이자: $980, 원금: $320)을 납부하는 조건이었다.

처음에는 7년 안에 모기지 대출금을 완납하려고 했다. 그런데 2008년 서브프라임 사태가 벌어졌고 나 또한 수입이 줄어들어서 2015년에야 모기지 대출을 완납할 수 있었다.

나는 자산관리를 의뢰한 고객 K에게 현재 나의 주택을 매입제안과 동시에 공동투자 조건을 제안했다. 물론 나의 입장에서는 매매와 동시에 주택가격을 받고, 다시 고객 K와 함께 등기부 등본에 공동

명의로 올라가지만 모기지 대출은 고객 K 단독으로 신청하여 승인이 결정되면 금융기관의 주택융자는 고객 K 혼자가 된다.

그리고 주택 매매계약은 종결된다.

매매 후 나의 변호사에게 QCD(Quick Claim Deed: 즉석 등기부 등본)를 요청하고 관할지역(한국의 등기소에 해당)에 등록을 한다.

당연히 공동 명의의 부동산 투자이므로 자금과 은행 부대비용을 50%씩 부담한다. 금융자금의 활용과 부동산투자 그리고 세금을 합법적인 방법으로 매매를 진행하는 기법이다.

여기에 세금문제를 거론해보면 거주를 목적으로 사용했고 구입후 2년 이상을 부부가 함께 거주하면 매매차익의 $500,000까지, 싱글인 경우 $250,000까지 양도 소득세를 면제받을 수 있다. 그러므로 주택구입가는 $245,000이었고, 판매가는 $400,000, 양도 차익이 $155,000이므로 부부공동 거주 목적이었기 때문에 $745,000에 매각해도 세금은 전혀 고려하지 않아도 되는 것이다.

애틀랜타를 비롯한 동남부 지역의 주민들 대부분이 2~5년 사이에 거주하는 주택을 이사하는 이유가 여기에 속한다. 물론 주택 모기지 이자는 당연히 세금보고 시 100% 공제 받을 수 있다. (미국은 거주 목적의 주택융자 액수가 $100만 미만까지는 세금혜택을 제공한다.)

독자들의 이해를 돕기 위하여 계속해서 설명을 하면, 매입자인 고객 K는 매입가 5%를 준비해서 95%를 은행 모기지 대출을 받았다.

매입가격이 $400,000, 계약금 $20,000(5%), 모기지 대출금 $380,000(95%)이고 월 불입금은 $2,005(30년 이자율 4.85%)이 나온다.

애틀랜타에서는 학군이 좋은 타운은 임대료로 월 $2,500은 무난히 받을 수 있다. 결국엔 나와 공동 투자로 결정이 났기 때문에 계약금의 50%인 $10,000만 준비를 하면 나의 경우는 같은 집을 다시 투자하는 이기작 모델이고, 파트너인 고객 K가 공동 투자를 하였으므로 이모작 투자도 된다는 것이다.

고객 K 가족이 2년 살고 이사를 가면 임대를 놓아서 임대수익으로 모기지 대출금을 갚고도 저축할 수 있다. 만약 어느 정도의 목돈을 일정한 기간을 정해서 5~7년 만에 갚는다면 나에게는 삼모작의 투자를 안정적인 지역에 하게 되고 고객 K도 이모작의 투자를 눈앞에 둘 수 있다.

결국 공유경제의 시대로 가고 있어서 부동산 소유의 필요성이 그리 높지 않은 시대의 금융활용 및 지속적 안전자산인 부동산 투자방법이다.

이 방법은 오래전부터 유대인들 사회서 자기들끼리 암암리에 진행해온 금융자금을 활용한 부동산투자 방법이었다. 그들도 소수의 무리들만 정보를 공유하고 자신의 가족부터 서서히 자산을 늘리려고 금융자금의 활용과 법의 테두리 안에서 시행하고 있음을 알아야 한다.

가족들 구성원 모두가 조그만 각자의 회사를 설립한다. 시간이 지나면서 회사의 신용과 거래 라인을 차곡차곡 계약으로 맺는다. 가족이므로 구성원이 신용이 필요하면 언제든지 확신의 범위에서만 보증을 해줘서 금융거래를 원활하게 해준다. 그리고 다음 가족 구성원을 지원해주는 순서로 그들만의 리그를 운영한다. 철저히 그들만의 승리로 이끌고 있으니 누가 알 수 있으랴.

우리 선조들의 '품앗이 제도'를 활용한다면 미국의 금융자금 활용을 비즈니스에 적절하게 이용할 수 있다.

부동산 매물 하나로 회사 및 개인의 신용도 업그레이드시키고 여러 명의 부자를 만들 수 있다.

04

항상 전략적
파트너를 찾는다

이스라엘 역사를 살펴보면 유일신을 신봉하여 주위의 국가들과의 관계도 항상 시끄럽다.

2,000년 동안 나라도 없이 이리저리로 옮겨 다니면서 유목민들처럼 방랑생활을 하다가 나치 히틀러의 유대인 말살 정책으로 수많은 유대인들이 유대인이라는 이유만으로 목숨을 잃었다.

제2차 세계대전이 미국을 중심으로 한 연합군의 승리로 막을 내리자 유대인들의 전략적 승부사 기질은 다시 발휘되기 시작했다.

유럽에서의 생활을 접고 새로운 희망의 땅인 아메리카 대륙으로 몰려든 것이다.

유대인 1세들은 힘들고 더러운 일을 마다하지 않고 그들의 꿈과 비전을 위해 헌신했다. 자신들의 제국을 건설하기 위해, 잘못된 시대 흐름을 바로잡기 위해 유럽에서의 생활을 잊고 새로운 도전을 시작했다.

2세들을 위해 교육만큼은 엄격하게, 차별을 받고도 용서는 하되 절대로 잊지 말라는 글귀를 되뇌며 70년을 살아온 그들은 이제 수확하고 있다.

아울러 교육의 중요성을 미리 간파하고 유대인 자녀들이 없는 곳이 이상할 정도로 자녀들을 금융, 법조계 메디칼 스쿨 그리고 정치계 등등 중요한 요소요소에 진출시켰다.

유대인의 율법인 '토라'라는 문구를 외우지 못하면 식사도 못 하게 했다고 한다. 후세의 자손들이 히브리어를 잊지 않고 사용하도록 전략적으로 이어져 내려온 것이다.

유대인들은 이스라엘에 거주하든 미국에 거주하든 아니면 어디에 살든지 미국에 전략적인 파트너를 만든다. 수천 년을 유랑하며 이방인으로 살아서 그런지 장사에는 소질이 있고 돈에 대해서는 별로 걱정이 없다.

전 세계 어느 곳에 정착해도 그들만의 방법으로 도움을 받을 수 있기 때문이다. 도움은 반드시 갚아야 하며 몇 배 이상으로 갚는 그들 민족의 특성이다. 어디를 가도 항상 전략적으로 움직인다.

이제 우리 민족을 위해 지난 과거를 생각지 말고 미래의 비전을 제시해 본다.

우리는 세계 8번째 경제대국으로 성장했다. 해외에 거주하고 있는 교민들의 숫자도 7백만이 넘었다.

세계적인 기업도 상당히 많다.

그러나 이스라엘처럼 국가도 강인하고 국민도 부유하다고 할 수 없다.

국가는 경제대국이지만 대부분의 국민은 아직도 힘들게 살아간다. 국토가 너무 비좁고 자원이 별로 없는 국가여서 해외로 수출을 해야 먹고 살 수 있는 국가다.

만약 갑자기 남과 북의 통일이 예고 없이 된다면 준비가 되지 않은 상태로 민족의 갈등과 경제의 하강은 불 보듯이 뻔하다.

예전 7~80년대 우스갯소리로 한 사람만 건너면 누구나 청와대와 연결된다고 했다. 살기 힘들었고 억울한 일을 많이 당해서 그렇게 말을 했고 또 실제로 벌어졌던 사례도 종종 있었다.

이제는 한 사람 건너면 해외에 아는 사람이 있다. 그것도 미국은 웬만하면 누구도 연결이 가능하다. 지연, 학연, 인맥 그리고 비즈니스로 가능하다.

처음부터 전략적으로 접근하자.

솔직하게 상대방을 설득해서 미국에 1인 기업을 설립하면 된다. 단지 어느 시기까지만 도움을 청하자. 그리고 반드시 고마움과 은혜를 갚아야 서로에게 전략적인 관계로 발전한다.

미국에서의 1인 기업 설립은 중요하다. 금융과 비즈니스의 혜택을 받고자 한다면 아직도 미국 내에 사업장이 있어야 한다.

미국의 뉴욕과 실리콘 밸리는 전 세계의 금융과 IT 기술의 메카이다. 부모에게 물려받은 돈이 없거나 저축된 돈이 없다면 종자돈을 만들 수 있는 곳이 바로 미국이다.

만약 어느 정도의 자금이 있다면 최소 5배, 최대 10배 이상의 자본을 활용할 수 있다.

기존 금융권 중에서 은행은 앞으로 점점 사양길로 내쳐지고 있다.

P2P, WebBank, Cash Flow Institution, Merchant Service, e-paypal 등등 금융의 르네상스 시대가 열렸다고 해도 과언이 아니다. 여기에 대한 설명은 다음 장에 자세히 하기로 한다.

미국 중소기업 및 자영업의 금융기관의 혜택을 대부분 사람들이 잘 모르고 있다. 주류사회의 전형적인 미국인들도 모르는 판에 이민자들이 어떻게 알 수 있을까.

2018년 10월 현재의 미국은 경제의 최고점을 향하고 있다.

금융기관은 돈이 넘쳐나고 있지만 2008년도 서브프라임 사태로 몸을 사리고 있다고 보는 것이 정확한 표현이다.

주류사회의 백인들도 넘쳐나는 기업자금을 몰라서 활용하지 못하고 있는데 언어와 금융에 문외한들인 이민자들은 오죽 답답하고 한심하겠는가.

혹시라도 혜택을 줄 수 있도록 금융관련 정보를 제공한다고 해도 상대방의 호의에 왜라는 단서와 함께 도대체가 들으려고도 하지 않는다.

자신에게 접근하여 이익을 챙기려는 파렴치한 사람으로 오인을 하게 되니 부자들은 절대로 그렇게 하지도 않지만 정보를 전략적으로만 사용한다.

1인 기업을 설립하고 절차에 따라 진행을 하면 여러 트레이드 라인으로부터 기업의 신용점수를 부여받기 시작한다.

대략 3개월이 경과되면 금융기관의 기업신용 점수가 나타나기 시작한다. 혹시라도 개인 신용이 좋은 경우, 3개월이면 기업신용 자금과 운영자금을 합쳐 $50,000 정도를 무이자로 7~18개월 활용이 가능하다.

개인 신용이 좋지 않을 경우에는 회사 설립 후 9~12개월을 기업자금을 받기 위한 플랜에 맞게 진행하면서 기다리면 $30,000 ~ $70,000까지 가능하다.

개인의 보증Personal Guarantee서명 없이 기업자금을 사용할 수 있다. 미국에서 사업을 하는 많은 사람들이 궁금하고 의심하는 부분이 바로 개인 보증서명에 관한 것이다.

정보 없이 아무것도 모르고 가면 금융기관은 자기들의 이익을 위해 개인 보증서명을 요구한다. 회사가 망해도 개인의 보증서명으로 대출금이나 기업자금을 안전하게 회수할 수 있기 때문이다.

이렇게 1~2년을 금융과 비즈니스를 배우면서 기다리면 기업신용 자금은 물론이고 운영자금 그리고 기업대출도 가능해진다.

'고생 끝에 낙이 온다.'는 속담이 있다.

이런 자금들을 잘 관리하여 사업의 자본금으로 활용해서 자신들의 기업을 성장시킨다면 전략적으로 중요한 여러 파트너들이 생겨날 것이다.

미국의 금융기관은 한국의 금융기관과 달리 모든 금융기관의 전산시스템을 함께 공유하지 않는다는 것이다.

여러 금융기관에서 기업자금을 조달해도 본인이 알려주지 않는 이상 금액은 알 수 있어도 금융기관의 이름은 알 수 없다.

개인의 경우는 금융기관의 이름과 정보가 자세히 공유되어서 많은 자금을 사용하기에 불편하다. 결국 기업을 통한 자금조달이 기업의 활성화와 부자의 길로 들어설 수 있는 최고의 방법이다.

주위를 돌아보자.

그리고 미국에서 각자의 전략적 파트너를 떠올려 보자.

아마 생각나는 사람이 있을 것이다. 그리고 바로 연결하여 솔직하게 설명하고 전략적 파트너가 되자.

미국의 사회보장번호가 없어도 미국세청(Internal Revenue Service)에 개별세무번호(Individual Tax Identification Number)를 신청하면 미국의 모든 금융기관의 거래가 자유롭다.

아직까지 한국인은 미국 내에서 여권만 있으면 금융거래 계좌를 만들 수 있다. 아는 사람이 없어도 팀을 구축하면 전략적으로 도움을 주고받을 수 있는 시스템을 통하면 된다.

협상을 위하여
눈앞의 이익은 포기한다

✤

기존의 부동산 거래와 산업 구조도 새로운 변화가 일어나지 않으면 발전이 더디게 된다.

현재도 부동산 에이전트들의 수수료와 거래가 부동산 라이센스를 소유해야만 가능하다.

택시 면허가 없어도 차량공유 시스템을 이용하면 수익을 올리는 시대다.

부동산 라이센스와 수수료가 시장의 발목을 잡고 있는 셈이다.

드디어 올해 '프롭테크'란 신조어가 등장했다. '프라퍼티와 IT 기술'의 합성된 말이다.

2018년 9월 27일 재일교포 손정의 회장의 비전 펀드가 샌프란시스코에 소재한 'Open Door.com'이란 부동산 IT 회사에 4억 불(약 4,500억 원)을 투자했다.

오픈도어는 부동산을 직접 사들여 판다.

집을 팔고 싶은 사람이 사이트에 들어가 원하는 가격을 제시하면 오픈도어가 데이터와 소프트웨어 등으로 감정가격을 제시한다.

고객이 오픈도어의 가격을 받아들이면 구매가 일사천리로 진행된다. 또한 집을 사려는 고객은 홈페이지에서 회사 보유 주택 중에서 마음에 드는 것을 선택해서 구매할 수 있다. 물론 고객이 원하면 융자, 보험, 임대관리도 서비스를 받을 수 있다.

요즘 프롭테크 기업은 온라인과 오프라인 연결을 해주는 서비스업이 아니다.

감정, 매매, 융자, 보험, 임대관리 등 다양한 분야의 서비스를 통합해 종합적으로 컨설팅한다. 인공지능, 머신러닝, 빅데이터 등 첨단기술과 전문가의 서비스가 통합되는 것도 자연스런 현상이다.

전격적으로 부동산 디지털 산업시대가 열리기 시작했다.

수년 전부터 부동산 선물거래가 도래할 것이라고 예상했다.

그리하여 투자자들을 설득해서 2년 후의 부동산 선물거래를 했다. 그리고 매매가격은 시중의 유명회사의 소프트웨어를 이용하여 별 문제가 없었다. 다만 중개수수료로 양측의 입장이 평행선을 달리고 있는 중이다.

나는 결국 사업의 진전과 발전을 위하여 당분간 중개수수료를 포기했다.

모두가 환호했고 고객들은 자신들의 주장이 관철된 것에 희열을 느꼈다.

만약 그들이 독립하여 기업을 세워 경영해 나간다면 수수료 포기란 당연히 거절하고 반발할 것이다. 어차피 거래할 부동산과 금융자산의 대부분이 내 개인과 회사 소유의 것이 대부분이다.

부동산 선물거래가 활성화되기까지 눈앞의 이익인 수수료의 많은 부분을 포기하기로 결정했다.

그러나 장기적인 관점에서 눈앞의 이익은 포기했지만 남들이 진입하기 어려운 부동산 모기지 증권에 투자로 30년 장기수익을 얻고 있다.

〈성경〉을 보면 '처음 된 자가 나중 되고 나중 된 자가 처음 된다.'라고 말씀하고 있다.

예수님은 남과 비교하지 말고 불공평하다고 불평하지 말라는 메시지를 전하고 있는 것이다. 이는 비교하지 않으면 불공평도 없다는 것이다.

금융기관을 통한 기업 신용 및 운영자금을 무이자로 활용하고 매입한 부동산의 융자를 나와 내 회사가 공동으로 투자한다.

미국 부동산 담보부 증권화는 30년 기간을 소유하는 것이 일반적이다.

미국 주택 모기지 증권은 언제라도 주택소유주의 동의 없이 매각이 가능하기 때문에 미국채 다음으로 금융기관의 인기 있는 금융 아이템이다.

대부분 이자율의 상황을 고려하더라도 30년 모기지 상환은 금융기관의 융자원금 만큼의 이자수익을 보장한다.

일반 투자자나 주택 소유주들은 이런 상황을 잘 알지 못한다. 그저 월불입금만 신경을 쓰고 금융기관도 자세한 설명을 해주지도 않는다. 금융기관의 이익 구조를 조목조목 설명해줄 필요가 없기도 하지만 질문을 하는 고객들도 별로 없는 것이다.

30년 만기 주택 모기지를 살펴보면 처음 5년간은 원금의 5%만 감해지고 나머지 95%는 금융기관의 이자수익이다. 또한 10년이 지나도 주택소유주는 원금의 15%만 갚은 것이 되어 금융기관을 위해서 열심히 일을 한 것이다.

주택을 구입할 당시의 기쁨도 잠깐이다. 아직 20년을 그리고 원금의 80% 이상을 갚아야 한다. 그러니 어느 금융기관이 이런 비밀과 융자금 빨리 갚는 비법을 공개하겠는가.

대부분의 주택 소유주들은 순수하면서도 어리석다. 그들은 자신의 주택소유를 위해 금융기관의 배불리는 데 협력하고 일조하고 있다. 고객들에게 이런 설명을 해줘도 그들로서는 알 수 없는 금융지식이다. 공짜로 지식과 정보를 얻으려 하지만 세상엔 공짜가 없다. 어쩌면 공짜가 제일 비싼지도 모른다.

공짜로 얻은 정보와 지식으로 패가망신하는 사람들이 어디 한두 명인가.

언론과 정치권에서는 미국의 경제상황이 대공황 이후 최대치라고 떠들고 있다. 그리고 금융기관들의 넘쳐나는 돈이 기업으로 유입이 크게 늘고 있다.

미국은 금리를 지속적으로 올리고도 신흥국에서 유턴하는 기업과 자금을 활용하고 규제를 풀고 있다.

당분간 기업들은 자금난으로 혼란에 빠지지는 않을 것 같다.

그러나 우리 교민들 대부분은 이와는 반대로 가고 있는 현실이다.

우리 속담에 '소 잃고 외양간 고친다.'는 말이 있다.

소 잃고 외양간을 안 고치는 것보다 고치는 게 훨씬 어려운 결정이다. 고쳐야 혹시 잃은 소가 돌아와도 아니면 새로 소를 사와도 든든한 외양간으로 거듭날 것이다.

기업이 잘되면 금융권에서 돈을 대출해주겠다고 하루에도 몇 번씩 연락이 오지만, 어렵다는 소문이 돌면 하루에 여러 번 찾아가도 만나주지도 않는다.

이런 경우를 대비해 잘 나갈 때 풍부한 자금을 조달해 미래를 준비해야 한다.

돈 많아서 싫다는 사람은 아직 들어보지 못했다.

눈앞의 이익을 위해 자신의 모든 재산을 배팅하는 사람일수록 넉넉한 자금을 미리미리 마련해야 한다.

나의 단기 투자자인 L 씨는 담보물건이 없는 부동산 모기지 증권은 거들떠도 안보는 고객이다. (나는 투자자와 회원을 모두 고객으로 분류해 관리하고 있다.)

처음에는 원하는 부동산 모기지 증권에 투자를 알선했다. 점차 수익이 높으면서도 안정적일 때 거래를 서서히 줄였다. 그러자 당연히 투자수익도 줄게 되었다.

은퇴를 앞두고 우리 회사를 통해 금융기관의 몇 배의 수익을 계산한 듯하다.

결국 얼마 지나지 않아서 나에게 협상을 요구했지만 정중히 거절했다.

서로 협업하고 공동의 수익을 배분하려는 회사의 방침을 돈으로 흔들려는 일부분의 투자자들도 종종 있다.

그럴 경우엔 자신의 마지막 카드를 일찍 보여주면 상대방은 절대로 전체 카드를 공개하지 않는다.

한 사람의 이익만을 추구하는 사업은 결국 무너지고 다수의 고객들의 이탈을 부추길 수 있기 때문이다.

06

부자는 멘토를 통해
지혜를 얻는다

중국 속담에 '오랑캐는 백 년 운이 없다.'라는 말이 있다.

이 뜻은 오랑캐는 중국을 통치할 수가 없고 혹시 다스린다고 해도 100년을 넘기기가 어렵다고 해서 중화민족이 만들어낸 말이다. 특히 원나라의 전신인 몽고는 칭기즈칸 사후 99년 만에 망한 것이 계기가 되었다.

그러나 중국은 우리 민족에게도 널리 알려진 만주족 누르하치가 세운 청나라의 지배를 297년 동안 받게 된다. 이로써 이 속담은 중국에선 더 이상 통용되지 않는다.

청나라는 어떻게 300년을 통치하는 지혜를 얻었을까.

초기의 청나라 황제들은 스승을 곁에 두고 멘토로 활용했다.

스승을 멘토로, 신하들의 경륜을 경청한 청나라는 100년 통치를 넘기면서 전 왕조인 명나라의 복원 운동을 무위로 돌렸다. 뿐만 아니라 삼백 년 사직을 공고히 구축하고 스승의 지혜를 국가 통치에 활용한 황제가 8세의 어린 나이에 등극한 강희 황제였다.

그가 없었다면 아마 청나라도 일찍 멸망했을 것이다.

그는 어린 나이에 원로대신들 사이에서 온갖 냉대와 수모를 당하면서도 자신의 스승이며 멘토인 오차우로부터 학문과 지혜를 배워 61년간 중국을 다스렸다. 뿐만 아니라 피폐된 나라의 곳간을 가득 채웠다.

가난과 혼란스러운 명나라 말기의 백성들은 윤택한 삶의 시발점이 되었고 새로운 왕조는 강대해졌다.

멘토의 리더십이 나라와 백성을 위해 빛을 발했던 시대였다.

멘토를 선정할 때 이왕이면 어려움과 실패의 경험과 경륜을 갖춘 전문인을 추천한다. 가난과 실패를 통해 성공한 사업가들을 멘토로 선정하면 여러분을 부자의 길로 안내하는 데 커다란 역할을 할 수 있다. 혹시라도 어려움과 시련에 봉착해도 실패를 경험한 멘토의 경륜으로 극복할 수 있기 때문이다.

강희 황제의 스승인 오차우가 바로 이런 경우의 멘토이다.

오차우는 전 왕조인 명나라에서 정승집안의 아들로 살아오다가 나라의 멸망으로 집안이 풍비박산 났다.

배를 곯고 목숨을 부지하기 힘들어 떠돌아다니다 귀한 집 자제의 과외공부를 제의받고 비로소 먹고사는 문제가 풀렸다. 수년을 지나서도 어린 도령이 황제인 줄도 모르고 자기의 신념대로 지도한 진정한 스승이자 멘토였던 것이다.

모르면 남의 지혜와 가르침에 귀 기울이면 된다.

남녀노소를 가리지 말고 각 분야의 전문가로부터 경청하는 자세와 지혜를 얻으면 되는 것이다. 과거뿐 아니라 오늘날에도 부자들을 살펴보면 한결같이 전문가 그룹 멘토들이 포진해 있다.

한 사람의 리더십이 국가와 사회를 부강하게 만들 수 있다.

부자 되기를 마음속으로 소망한다면 오늘부터라도 자신을 변화시켜야 한다. 멘토를 만나 자신에 대해 정밀 진단을 받아야 한다.

돈만 챙기는 멘토는 생명이 짧다는 사실을 알아야 한다.

자신에게 맞는 멘토를 찾기가 쉽지 않다. 서두르지 말고 공부하는 멘토를 먼저 찾으면 틀림없다. 자신감도 대단하며 여러 방면에 지식을 갖고 안내하는 멘토를 찾아내야 여러분도 부자가 된다.

대부분의 사람들이 원하는 목적을 이루지 못하는 이유 중 하나가 중요하지 않은 일에 시간과 힘을 낭비하고 있기 때문이다.

한꺼번에 욕심을 내려고 해서 아무것도 얻을 수가 없는 것이다.

멘토가 있다면 너무 쉽게 옳은 정답을 얻을 것이다. 멘토는 여러분이 욕심을 부릴 때와 버릴 때를 알고 있기 때문이다.

대부분의 사람들은 인터넷으로 지식과 정보를 얻고도 두려움으로 시도조차 못 하고 포기한다.

생각과 직감으로 돈을 버는 시대는 벌써 저만치 가버렸다. 오마하의 현인 워런 버핏은 주식으로 돈을 벌려면 10년 이상을 보유하라고 권한다. 이렇게 자신 있게 권면하는 사람이 진정한 멘토이다.

주위를 돌아보며 함께 갈 비즈니스 파트너를 눈여겨보자.

멘토의 비용을 혼자서 감당 못 할 때는 파트너들과 분담해서라도 자신만의 '부의 시스템'을 만들고 검증을 받아야 한다. 비용을 지출한 만큼 정비례하는 수익구조가 아니라 부를 위한 정당한 투자 자문료로 인지해야 부자가 된다.

대부분의 자수성가한 부자들은 자신의 노력으로 성공한 스토리만 열심히 떠들어대고 성공의 길로 안내했던 멘토들은 아예 거론도 하지 않는다. 그러다 성공을 지키지 못하고 쇠락의 길로 들어서 다시 멘토를 찾지만 소외된 멘토는 쉽게 돌아서지 않는다.

가난하고 어려웠을 때 사귀었던 친구를 잊지 말아야 한다는 한문 고사성어가 있다.

가난하던 당시 주위의 사람들과 자신의 멘토를 잊지 않는다면 부자로서 꿈을 이룰 수 있다.

부자로 성공해서 멘토 없이 막대한 부를 지키기란 부자 되는 것보다 훨씬 어렵다.

세상에 공짜 없듯이 부자가 되려면 시간과 비용을 현명하게 활용해야 한다. 발품은 당연하고 돈을 쓸 땐 돈을 써야 돈을 벌 수 있는 것이다.

먼저 멘토에게 시간과 돈을 투자하자. 절대로 낭비가 아닌 인생 일대의 최고의 수익을 낼 수 있는 확실한 투자다.

훌륭한 스승 밑에 머저리 같은 제자가 나올 수 없는 이치와 동일하다.

남들이 두려움에 망설일 때 용기를 내서 사업을 성공시키려면 제갈공명과 같은 책사, 강희 황제의 스승인 오차우 같은 멘토가 우선적으로 필요하다.

불확실한 성공의 두려움으로 부자가 못 되는 커다란 이유 중의 하나가 멘토의 부재이다.

어릴 때는 부모가, 학교에서는 선생님이 우리의 멘토 역할을 했다. 그러나 막상 사회로 진출해서는 누구도 이런 훌륭한 멘토를 찾지 않는다.

수영을 잘하려면 수영코치에게 배우면 제대로 폼과 수영실력이 수준급이 될 수 있다. 다른 분야도 마찬가지로 전문가의 코치를 받아야 잘할 수 있다. 하지만 유독 비즈니스는 예외인 것이다.

대부분의 사업을 경험도 없이 느낌으로 남이 하니 나도 잘되겠지 하는 식으로 시작한다.

전문가들의 컨설팅을 받아도 성공을 하기가 무척 힘들 것이다.

성공을 위한 투자 자문료를 아끼려다 잘못하면 그동안 모았던 재물을 순식간에 잃고 알거지가 되는 것이다.

비즈니스가 망하고 막심한 후회를 한다. 그러나 한탄해도 소용없고 버스는 이미 지나갔다. 어떻게 이렇게 무모하게 덤벼들까. 단 한 번만이라도 기업과 개인자금의 흐름에 대한 금융 지식을 공부하고 비즈니스 운영 시 위기관리 방법을 코칭받았더라면 쉽게 무너질 수 없다.

부자들의 멘토는 토끼처럼 영리하다.

'교토삼굴'(영리한 토끼는 3개의 굴을 만든다.)이라는 말이 있다. 영리한 토끼가 맹수로부터 자신을 보호하기 위하여 여러 개의 숨을 곳을 준비한다는 고사 성어다. 부자가 되고 싶다면 사업 아이템부터 찾지 말고 부자로 만들어 줄 수 있는 멘토를 먼저 찾아야 한다. 그러면 멘토를 통해서 토끼처럼 여러 곳의 부자안식처를 만들 수 있다.

멘토 없이 부자가 되기 어렵다.

멘토를 찾을 때까지 사업을 준비하면서 기다려도 늦지 않는다.

자신의 멘토를 찾아야만 사업도 성공적으로 진행할 수 있다. 그리고 성공한 부자의 반열에도 올라설 수 있다.

돈을 활용케 할 수 있는 멘토, 또한 실패를 통해서 부를 창출시킬 수 있는 멘토, 경륜과 지혜로 고객의 사업을 자기 것처럼 멘토링 해 줄 수 있는 사람을 찾아야 부자의 길로 들어설 수 있다.

07

부에 대해 생각하고
말하고 행동한다

    가난을 벗어나 성공을 하면 제일 먼저 지난 가난의 사건을 미사여구로 포장하여 언론과 방송을 통하여 다루는 게 일상화되었다.

    성공을 바라는 사람들을 위하여 좋은 경험과 성공담을 공유한다는 자체까지는 이해가 된다. 하지만 너무 극적으로 미화시켜 성공을 위한 성공 스토리는 대체적으로 감동을 주지 못한다.

    우리는 4차 산업혁명의 시대에 살고 있다. 부자로 성공하는 데 과거처럼 산전수전의 스토리, 공중전 그리고 지하전까지 겪지 않아도 부를 끌어당길 수 있다. 인터넷과 블록체인의 발달로 정보와 지식을 빠르게 얻을 수 있기 때문이다. 고전적인 독서방법이 아직까지는 인간의 두뇌를 발전시킨다고 한다.

    케네디 대통령의 암살소식이 당시로서는 엄청나게 빠르게 전 세계에 알려진 속도가 72시간이 소요되었다고 했다. 지금이라면 2~3분도 안 되어 지구촌 곳곳에 퍼져 나갈 것이다.

모든 것을 생각하고 말하고 행동하는 데 거의 빛의 속도다.

가난의 시련도 오랫동안 겪으면 자신의 능력을 의심해 봐야 한다.

가난을 습관으로 여기기 시작하는 전문가들의 연구결과도 무시를
할 수 없다.

오랜 경험이 예전에는 그럴싸하게 통했지만 지금에서는 약발이
먹히지 않는다.

우주에는 지구가 속해 있는 태양계 같은 은하계가 셀 수 없을 정
도라고 한다. 그리고 화성을 지구의 식민지로 만들어서 지구인을 정
착시키겠다는 세상이다. 그렇게 되면 지구에는 가난한 사람들만 남
겨지게 될 것 같아 씁쓸하다.

부자가 되려면 부자와 같은 생각을 하고 그들의 생각을 따라 행동
하면 된다.

뜻대로 안 되면 부자들의 생각을 훔쳐야 한다.

그러나 만약 가난해지고 싶다면 간단하다. 가난한 자처럼 생각하
고 행동하면 쉽게 가난해진다.

세상사람 어느 누구도 가난해지고 싶은 사람은 없다.

혼자서는 성공하기가 점점 어려워졌다. 따라서 소그룹이라도 좋
으니 모여서 '부'에 대해서 토론하고 행동으로 옮겨야 부자가 될 수
있다. 공연히 죄 없는 하늘을 원망하며 땅을 치고 울어봤자 소용이
없다.

책으로 글을 쓰고 있는 내 자신도 오랫동안 하늘과 땅에 분통과

원망을 터트렸었다. 결국 돌아온 건 내 무지의 소치였다. 나의 능력 부족과 게으름으로 많은 시간을 허망하게 보낸 지난 세월을 보고 스스로 쥐구멍이라도 찾아야 했다.

남의 성공을 인정하고 축복했어야 했다. 그들의 생각과 도움을 멘토링을 통해서 받아야 했었다.

자존심이 강한 것이 아닌 열등감이었다.

어떻게 해서든 혼자서 재기하고 싶었다. 가진 건 아무것도 없이 쓸데없는 자존심으로 아내와 아이들을 가난 속에 내팽개쳤다.

성격을 바꾸기가 어렵다면 타인의 생각이라도 존중하고 흉내만 냈어도 벌써 가난을 벗어났을 것이었다.

나는 베토벤의 월광 소나타를 들으며 실패의 괴로움을 원망하며 달래곤 했다.

듣고 또 듣고 하다못해 두 시간 연속버튼을 해놓고 잠이 들어야 했다.

절절하게 깔려 들려오는 피아노 음만 망쳐진 가슴을 위로했다.

지금도 힘들고 생각이 막힐 때면 월광을 들으면 해결이 날 정도이며 일이 잘 풀리고 기쁠 때도 듣는 음악이 되어버렸다.

베토벤의 월광으로 다시 회생을 했고 유일한 나의 생각의 파트너가 되었다.

슬픔을 벗어나려면 슬픔 속에서 이겨 나와야 하듯이 시련을 겪으면서 가난을 벗어나야 다시 실패하지 않을 것이다.

실컷 울고 나면 더 이상 울고 싶지 않다. 기력을 잃을 것 같은데 오히려 용기가 나온다. 성공도 마찬가지다. 가난을 겪었기 때문에 성공해야 하겠다는 용기가 불끈 생겨났다.

'진인사 대천명'이라 했다.

사람을 찾고 사람에 투자했다. 처음부터 쉽지는 않았지만 지금의 내가 사람을 천금같이 얻을 수 있었던 나만의 비결이었다.

상대가 필요한 것을 해결해준다고 해서 모두 같이 갈 수 없다.

사람은 한 번 배신하면 두 번째는 너무 쉽게 행동한다. 필요한 것을 상대가 스스로 얻을 수 있도록 코칭하고 멘토가 되면 함께 멀리 갈 수 있다. 그리고 반드시 피드백을 시켜서 스스로 문제를 해결하는 능력을 배양시켜야 한다.

가난으로부터 부자 되기는 힘들다. 또한 부자가 되기는 쉬워도 부를 지키기는 훨씬 어렵다. 아울러 부를 지키기는 쉬울 수 있지만 부를 나누기는 하늘의 별따기만큼 어렵다.

성공한 사람들의 공통점을 귀담아 듣고 머릿속에 새겨야 한다.

요즈음은 가상화폐로 떼돈을 버는 상황에 잠을 설쳐 제정신이 아닌 사람도 많다.

나는 10년 전부터 놀면서 일하고 즐기면서 은퇴 걱정 없는 일을 시작했다.

나뿐만 아니라 남녀노소를 막론하고 누구나 도전할 수 있다.

인내심을 갖고 행동을 하면 부자가 될 것이다.

미국의 성공한 부자들은 경험, 정보 그리고 지식 나눔 행사를 진행한다.

스위스 다보스 포럼, 테드TED의 행사가 대표적 행사의 샘플이다.

일부의 특정한 자선기부 행사는 가난한 사람들에게는 무료로 진행하고 있다.

윈스턴 처칠의 말이다.

"마음을 바꾸지 않는 사람은 아무것도 바꿀 수 없다. 성공은 끝이 아니고 실패도 끝이 아니다. 중요한 건 계속하는 용기다."

새로운 시스템의 글로벌
신용카드, 은행계좌 만들기 **08**

미국은 경제대국이면서 금융 강국으로서 은행계좌를 만드는 데 필요한 요구서류가 별로 없다. 본인을 증명할 수 있는 사진이 부착된 운전면허증 혹은 여권이 있으면 누구나 은행계좌를 만들 수 있다. 미국에 여행 혹은 잠시 방문한 사람도 미국 내에서 은행계좌를 개설하고 금융거래를 위한 은행서비스를 이용할 수 있다.

한국에서 잠시 방문한 사람을 기준으로 준비해야 할 서류는 첫째 여권, 둘째 미국 내 연락주소(친지 혹은 지인 주소) 혹은 한국 주소, 셋째 이메일 주소와 휴대전화 번호가 있으면 된다.

인터넷 뱅킹을 개설하려면 은행 앱을 다운로드하면 되고 스마트폰으로 인터넷 온라인 은행업무가 전 세계 어디서든 가능하다.

아마 한국에서 은행계좌를 만들기보다 쉽고 편리할 것이다.

글로벌 은행인 미국 4대 은행(뱅크 오브 아메리카, 체이스 은행, 웰스파고 은행, 시티 은행)들은 웹사이트와 웬만한 대도시에서는 한국어

서비스를 제공한다.

　한국에서 혹은 다른 나라에서 거주하면서 여행 혹은 비즈니스 관계로 미국에 입국을 하는 교민들의 숫자가 제법 상당하다. 그들은 과연 입국 전에 어떠한 준비를 하고 들어오는지 궁금했다.

　단체여행으로 미국 땅을 밟게 되면 한국의 여행사에서 온 일정을 알아서 해줘서 안내 가이드와 함께 다니면 된다.

　비즈니스로 오게 되면 일정기간 상대회사의 스케줄에 의존하면 별로 어려운 일도 아니다. 친지 방문의 경우는 입국 전에 준비해서 올 것이 옷가지와 스마트폰이 전부다.

　미국이라는 나라가 워낙 넓지만 입국 전에 방문지역의 문화와 지역특성을 인터넷으로 충분히 검색 가능하다.

　언어의 표현과 그동안 초등학교부터 갈고닦은 영어 실력을 발휘할 수 있는 좋은 기회이기도 하다.

　아직도 금융만큼은 어느 국가도 미국을 따라잡지 못하고 있다.

　문화와 언어도 배워야 하지만 세상의 좋은 콘텐츠로 미국의 금융시스템을 배워보는 것도 앞으로 4차 산업혁명시대를 위한 투자가 된다.

　예전에는 여행 전에 돈을 환전하지 않고 미국에 입국하는 사람은 거의 없었다고 한다. 그러나 지금은 현금보다는 신용카드를 소지한 여행자와 방문자가 대부분이다. 환전과 지참의 불편함, 하루에도 환율의 변동 폭이 오르락내리락하여 고국에 돌아가면 외환 수수료도 적은 금액이 아닌 것을 발견하게 된다.

어쩌다 한 번의 여행이라면 이러한 불편함도 일회성으로 그칠 수 있어서 현금 환전도 커다란 이슈가 되지 않는다.

10여 년 전부터는 전 세계가 일일 생활권으로 접어들었고 모든 국가들이 글로벌화를 노리고 신용카드와 인터넷 페이를 도입했다.

국가마다 현금소지가 점점 사라지고 있다.

이제 온라인으로 전 세계의 상품을 직구로 주문하고 배달받는 세상이 되었다.

우리는 휴가와 명절 때마다 해외로 나갈 계획을 온 국민이 세운다. 그러나 미국 달러의 변동 폭이 매일같이 달라져 한국을 비롯한 신흥국가의 화폐가치가 이리저리로 춤을 춘다.

글로벌 금융계좌를 꼭 부자와 기업만의 전유물로 생각하면 큰 오산이다. 적은 액수의 송금도 간편하고 편리한 앱을 이용하듯이 글로벌 금융을 자유자재로 활용하기를 추천한다.

미국의 금융제도를 모르고 활용할 생각을 못 하는 사람이 대부분이다.

미국은 오래전부터 신용사회였다. 따라서 은행계좌를 누구나 개설할 수 있도록 개방하고 있다. 현금보다는 개인수표(우리의 당좌수표에 해당)로 결재를 하는 신용시스템의 사회다. 그러나 시간이 지나면서 개인수표 대신 신용카드로 대체해서 사용을 하고 모바일 결재도 상당해졌다. 그렇지만 최종적인 결재는 은행을 통하여 온라인과 개인수표를 이용한다.

미국의 은행에 계좌를 개설하기 위해서는 위에서 말했듯이 한국보다 쉽다. 인터넷 뱅킹은 승인을 위한 복잡한 절차가 없다. 또한 은행의 실수나 해킹 시에는 우선적으로 피해금액을 전액 보상부터 결정한다.

온라인과 인터넷 뱅킹으로 전 세계 어디에서도 은행업무가 가능하다는 사실이다.

은행계좌를 개설하면 누구에게나 바로 사용할 수 있는 데빗카드(우리의 체크카드)를 즉석에서 발급해준다. 또한 신용상태에 따라서 신용카드도 빠르게 신청할 수 있다.

대부분 미국 밖에 거주하는 사람들은 미국에 있는 현지 은행에서 외국인에게 신용카드를 발급해주지 않을 것이라고 단정을 내리고 아예 신청조차 포기한다. 아니 은행계좌 개설을 엄두도 내지 않는다. 미국에 살고 있는 외국인과 이민자도 그렇게 생각하는데 외국에 사는 사람들의 생각을 부정하거나 설득할 생각은 없다.

'로마에 가면 로마법을 따르라.'라는 말이 있다.

미국의 금융 시스템으로 미국의 글로벌 신용카드를 만들 수 있다.

미국의 금융 시스템은 아직도 건재하고 미국의 화폐인 달러는 아직도 전 세계 금융시장 최고의 기축통화로 손색이 없다.

미국에서 은행계좌를 만들어 한국으로 돌아가서도 미국 신용카드를 사용하고 한국에서 인터넷 결제를 할 수 있다. 물론 입금도 스마트폰으로 할 수 있다. 직구로 해외 상품 결제를 미국의 신용카드로 할 수 있다. 뿐만 아니라 미국 신용카드 사용으로 엄청난 마일리지 보상 프로그램의 혜택도 함께 누릴 수 있다.

한류로 인해 한국의 위상이 예전과 다르다.

특히 '방탄소년단' 아이돌 그룹과 미국의 청소년들이 함께 공연 때마다 춤사위 흉내와 한글 떼창을 한다.

전 세계가 하나의 문화권이 되었고 하루 생활권으로 좁혀졌다.

이럴 때 미국 금융을 활용하여 수많은 글로벌 1인 기업의 창업과 새로운 블록체인 시대를 열기 바란다.

처음부터 대기업으로 창업할 생각이 아니라면 미국에서 1인 기업으로 창업을 하면 된다.

한국 내에서 결판을 낼 생각을 하지 말고 한국 밖으로 나가서 해외시장을 개척해야 한다.

이스라엘의 유대민족을 벤치마킹하면 된다.

이스라엘 유대계 미국인들은 실리콘 밸리의 성장하는 유니콘(벤처기업으로서 10억 불의 가치가 있는 스타트업 기업) 벤처기업에 대부분의 기술력과 자본을 투자한다. 같은 유대 민족끼리 다툼과 오해가 생겨도 비즈니스를 위해서는 콜라보레이션(Collabolation: 협치)으로 성과를 거두고 수익을 배분한다. 싸움은 싸움이고 이익을 위해선 적과도 동침하여 사업영역을 확장하는 것이다.

미국으로 들어오는 것을 두려워하면 안 된다. 아직도 이민자가 성공할 수 있고 아메리칸 드림을 꿈꿀 수 있는, 활력이 넘치는 나라이다.

꿈을 갖고 행동하는 사람이 성공한다.

아직도 많은 이민자들이 몰려오고 있다. 미국으로 이민 오라고 부추기는 게 아니다. 미국의 돈과 금융지식을 보고 배워서 부자가 되라고 강변하는 것이다.

미국의 부자들과 금융기관들은 금융지식과 정보를 자기들끼리만 공유한다. 공유된 금융지식으로 정보를 얻고 기하급수적으로 부를 끌어당기는 부자들을 벤치마킹해야 한다.

나는 미국과 유대인의 역사를 공부했었다. 두 나라의 역사를 공부하기는 쉬웠다. 그러나 비교할 수 없을 정도로 미국의 역사가 짧다.

유대인들은 무려 2,000년 동안 나라가 없어서 전 세계에 디아스포라 민족으로 흩어져 살았다.

불과 70여 년 전 전쟁으로 폐허가 된 유럽에서 건너와 밑바닥서부터 몸부림치며 오늘의 미국 정계와 경제계에 막강한 영향력을 행사하고 있다. 정치계는 몰라도 금융계만큼은 확실히 유대인들이 장악했다고 해도 절대 과언이 아니다.

유대인을 카피해서 흉내 내자는 것도 아니다. 그들은 자본도 없이 맨손으로 사업을 성공시켰다. 종이 화폐를 신뢰할 정도로 무지한 민족도 결코 아니다. 다만 금융지식을 활용해서 타인의 눈치를 보지 않고 사업의 영역을 넓혀가는 그들의 방식을 배우자는 것이다.

2008년부터 불어 닥친 글로벌 세계경제위기로 유대인들의 파생금융 기법도 상당한 타격을 받았다.

파생상품으로 금융을 쪼개고 섞어서 레버리지를 활용해 기하급수적으로 돈을 벌수 있다고 자신했다. 그러나 원숭이가 나무에서 떨어지듯이 미국에 와서 승승장구하던 그들이 처음으로 고배를 마셨다.

세계금융계의 거장인 '리만 브러더스'의 몰락으로 '대마불사'Too Big To Fail의 신화가 막을 내렸던 것이다.

어떻게 준비를 해야 선진금융 기법을 활용해서 사업을 하라는 것이냐고 궁금해할 것이다.

다음의 세 가지를 숙지하며 인내심을 갖고 배우는 데 전념을 한다면 반드시 성공하리라 믿는다.

첫째, 미국 인맥을 활용하여 은행계좌 만들기(친구, 지인의 도움으로 글로벌 은행의 계좌를 만든다.)

둘째, 개인 유한회사를 만들어 1인 기업의 창업을 준비하기(미국 국세청에 개인기업 신청을 하여 기업 납세 고유번호를 취득한다.)

셋째, 멘토링과 금융 및 부동산 온라인 무료 사이트를 통해 새로운 부의 시스템을 구축할 수 있다.

시간이란 배우는 사람에게는 길고 지루하게 느껴진다. 그러나 2년만 학생으로 되돌아가 미국 금융지식을 머리와 가슴에 담아보길 바란다.

신명나게 일도 하고 수입도 기하급수적으로 증가하는 부자가 되리라.

제**4**장

기하급수적으로
돈을 버는 부의 시스템

01 적은 돈으로 글로벌 부동산 임대산업으로 갈아타자

미국 은행계좌를 만들고 3개월에서 1년이 경과하면 기업신용으로 $50,000에서 $250,000까지 자금을 활용할 수 있다.

한국도 아니고 언어와 문화가 다른 미국이니 적은 돈으로 투자와 금융기법을 배운다고 생각하면 결코 두렵지 않다.

한국의 고객 중에서 S 대기업의 자산관리 부서의 대리인 정상훈 (33) 씨와 국내 최대 항공사 중에 하나인 A사의 승무원인 윤가람(32) 씨(개인 사생활 보호를 위해가명을 사용한다.)의 경우를 설명한다.

두 사람은 모두 미국에 은행계좌를 만들고 지난 2016년 6월 말에 임대주택부동산에 3천만 원씩을 투자했다. 여기서 말하는 투자는 해외 부동산 펀드가 아닌 부동산 등기부 등본의 소유를 말한다.

한 달여가 지난 뒤 그들의 통장에 30만 원의 배당금이 들어갔다. 물론 매월 정기적으로 3년째 배당금을 수령하고 있다.

이들은 나의 국내 출장 시 개최했던 몇 번의 세미나와 그룹 미팅에서 미국의 금융기법을 활용한 부동산에 적은 돈을(최소 1천만 원) 투자를 해서 안정적인 투자처인 미국 부동산 투자에 일찌감치 눈길을 돌렸다.

한국과 미국의 금리 역전이 가시화되면서 한국의 부동산 업계가 긴장하고 있다. 해외로 자금 이탈이 일어날 경우 투자 심리가 악화할 수 있는 데다, 장기적으로 한국의 금리가 따라 오를 경우 대출 이자 부담이 커지면서 국내 부동산 시장 분위기가 급격하게 나빠질 수 있다.

한국 부동산 시장에서 외국인 자금이 빠져나갈 경우 한국은 당장 미국을 따라 금리를 급격하게 인상을 할 여력이 없다.

미국의 금리 인상이 한국의 부동산 가격을 떨어뜨릴 수 있다는 연구 결과도 무시할 수 없다. 미국의 금리 인상으로 세계 각국 및 한국의 기준 금리 인상은 기정사실로 받아들여야 한다.

한국의 국내 시중금리와 대출금리 상승으로 부동산시장 위축이 예상된다.

고금리 시대와 대외적 불확실성 요인으로 불안한 상승세를 이어가고 있는 주식 시장, 부동산 규제까지 강화되는 상황에서 안정적인 대체투자처를 찾는 투자자들이 해외부동산과 금융 시장으로 눈길을 돌리고 있다.

부동산, 사모펀드, 원자재 등 대체투자시장이 점차 확대되면서 다양한 상품들이 개발되고 있는 것이다.

투자자들이 제일 선호하는 부동산 상품에는 간접투자 상품인 리츠REITs와 직접 투자해서 소유권을 확보하는 전통방식이 인기를 끌고 있다.

세계의 경제 시스템이 공유 경제가 대세이다.

호텔 하나 없이 힐튼호텔보다 기업가치가 높은 '에어비엔비', 택시 한 대도 소유하지 않고 전 세계 곳곳에서 승객에 서비스를 하고 있는 '우버', 그들의 시작은 미약했고 사업계획을 듣고서는 모두가 고개를 흔들었다.

그러나 개인소유의 개념에서 공동 활용의 필요성이 강조되어 부동산 산업으로 금융자본이 몰려들기 시작했다.

젊은 세대들은 소유의 개념보다는 공유의 활용을 선호하며 미래 산업의 선도적인 역할을 자처하고 있다.

부동산의 소유보다는 임대로 갈아타는 젊은 세대를 겨냥해서 부동산업계도 임대산업으로 방향을 수정하고 있는 것이다.

목돈 없이 부동산을
매입하는 시스템

미국은 자영업자들과 기업의 천국이라고 말하려는 게 아니다.

회사를 설립하기가 쉽고 비용도 별로 많이 들지 않아서 창업하기가 수월하다는 것이다.

회사를 설립하기 전에 비용이 들더라도 먼저 전문가들의 자문과 컨설팅을 받고 시작한다면 나중에 세금문제와 금융혜택을 받는 데 훨씬 유리하다.

50개 주 어디에서든지 혼자서도 회사설립이 가능하며 비용도 온라인으로 지불할 수 있어서 영어를 해석하는 데 어려움이 없다면 여러 가지로 비용을 절감할 수 있다.

그렇다고 전문가들의 비용이 높게 책정되었다는 게 아니다. 한마디로 천차만별이어서 온라인 쇼핑을 하듯이 인터넷 서핑을 자세히 하면 비용절감 효과를 거둘 것이다.

먼저 회사 이름을 세 가지 정도 정해서 회사 설립을 대신해주는 기관에 의뢰하거나 인터넷상으로 등록을 하면 보통 5~10일 내에 주 정부로부터 등록이 되었음을 우편 메일 아니면 전자 메일로 통보를 받는다.

그리고 미연방 국세청^{Internal Revenue Service} 웹사이트에 접속하여 기업고유 세무번호^{EIN}를 무료로 신청한다. 여기서 EIN이란 Employer Indentification Number의 약자인데 미국민과 미국에 합법적으로 거주하는 사람들의 사회보장번호^{Social Security Number}, 한국의 주민등록번호와 같은 기업식별 고유번호라고 생각하면 된다.

바로 신청과 동시에 인터넷상에서 아홉 자리 고유번호를 받는다.

이것으로 금융기관에 회사의 은행계좌를 개설하고, 회계연도가 되면 기업 세금보고도 할 수 있는 것이다.

은행은 기업규모와 내용에 따라 선택할 수 있다.

처음부터 기업신용 및 운영자금을 활용하고 싶다면 글로벌 은행으로 계좌를 개설하기를 적극 권장한다.

미국 대형 글로벌 금융기관을 방문하면 한국인 상담원이 상주하고 있으며 ATM 기계에서도 한국어 서비스가 되어 있어서 전혀 불편을 느끼지 못한다.

한편으로 지역 커뮤니티 은행 혹은 한국계 로컬 은행도 처음 사업을 하려는 소기업주에게 많은 도움이 된다. 그러나 담보 없이 기업 대출과 신용 및 운영자금을 활용하려면 글로벌 금융기관으로 스타트를 해보자.

미국의 사회보장번호가 없어도 회사 설립이 가능하다.

미국은 세금을 납부하겠다고 하면 개인의 국세청 세금납부를 위한 고유번호 또한 신청을 하면 얻을 수 있다.

미국 내의 회계사, 세무사, 변호사에게 자문을 의뢰하면 개인을 위한 ITIN Individual Tax Indentification Number 을 국세청으로부터 받을 수 있도록 안내를 해준다.

여기까지 아무리 오래 걸려도 30일 정도 소요된다.

이제부터는 개인의 신용을 중요시 여기듯 기업의 신용을 철저히 계획을 세워 실행에 옮기면 2년 안에 미국 금융기관으로부터 최소 일십만 달러부터 삼십만 달러까지 무이자로 자금을 활용할 수 있다. 사업의 성장이 지속된다면 오십만 달러부터 백만 달러까지도 활용이 가능하다.

미국에 거주하든, 미국 밖에 거주하든 기업의 소재지를 미국에 설립하여 운영하는 대부분의 유대인들이 이용하는 방법이다.

페이퍼 컴퍼니도 미국 내에 설립되어 있으면 금융기관의 자금을 활용할 수 있다. 사람 나고 돈 났지, 돈 나고 사람나지 않았다.

잘 모를 땐 전문가의 방식을 따라 하면 되듯이 돈에 관해서는 유대인들을 따라 하면 된다.

성공한 유대인들은 처음부터 자기들끼리만 금융 지식과 정보를 주고받고 한다. 우리 교민들도 상당한 지식과 경험을 갖고 미국에서 여러 분야에서 성공을 했지만 개인적인 성공 스토리만 알려졌다.

우리 민족끼리 다 함께 성공한 스토리가 별로 없는 것이다.

우리 민족끼리 금융정보와 구체적인 사례를 체계적으로 배우는 곳도 없다.

유대인 부자들은 자기들끼리의 모임과 회원만의 세미나를 통해 정보를 나누고 지식을 공유하므로 대부분의 일반인들에게는 그림의 떡이다.

뒤늦게나마 지면을 빌려 정보를 나누게 된 나 자신도 30년 동안 여러 번 사업에 실패했기 때문에 돈을 벌어도 별로 지속적이고 체계적인 성장을 할 수 없었다.

요즘에는 상당한 비용을 지불해서라도 금융 세미나에, 온라인 수강과 특별강좌를 지금껏 열심히 참석해오고 있다.

나는 부동산 관련 투자와 자산관리 회사를 설립하고 2년 후부터 금융기관으로부터 담보제공 없이 신용자금, 운영자금을 무이자로 7개월에서 24개월까지 활용할 수 있었다.

이렇게 목돈을 마련하여 부동산 투자를 시작했다.

임대가 용이한 타운홈과 단독주택으로 시작해서 상업용 빌딩으로 투자 범위를 넓혔다.

이제는 파트너들과 투자자들이 제법 많아 부동산 투자의 이모작, 삼모작까지 진행하고 있다.

옛날이나 지금이나 부동산은 팔면 별로 수익이 극대화되지 않는다. 제일 먼저 정부에 양도 소득세와 각종 세금을 납부해야 된다. 물론 죽기 전에는 세금을 납부해야 하지만 볼륨을 키우고 각종 혜택을 받은 다음이라도 늦지 않다. 여기서는 밝히기를 원하지 않지만 방법은 많다.

부동산 투자의 이모작, 삼모작을 진행하면서 이렇게 멋있고 훌륭한 투자 수익률을 과연 많은 사람들이 알고 있을까?

고객과 파트너들에게 반문도 해보고 안건을 슬쩍슬쩍 던져 보았다. 그들은 일반 투자자였지 전문가들이 아니었다. 당연히 문외한이었고 새내기들 수준이었다.

세법과 부동산 관련 거래 방법 및 금융의 삼박자를 제대로 알고 경험을 쌓는다면 부자 되기는 시간문제다.

금융을 체계적으로 배우고 나면 자금운용도 많은 시간을 투자해야 한다. 그렇지 않으면 자금경색과 원금상환의 압박과 기업 및 개인 신용에 어려움을 겪게 된다.

또한 사례분석과 수십 차례의 투자실적 포트폴리오를 머릿속에 꿰어 차고 있어야 한다.

금융기관이 앉아서 아무렇게나 자금을 무이자로 활용하게 놔두질 않는다.

기업으로 하여금 비용을 지출케 하도록 데이터베이스를 구축하고 기업의 신용과 재무상황을 자체적으로 면밀히 분석하고 있기 때문이다.

아직도 기존의 검증 시스템으로 수많은 서류와 오랜 시간을 들여 기업들의 신용과 재무상황을 검증하는 금융기관이 압도적으로 많다. 금융과 IT 기술을 앞세운 핀테크 업체들은 자체적으로 개발한 데이터베이스를 중심으로 기업들의 자금사정을 신속하고 과감한 시도로 접근하여 대형 금융권의 시장을 공략하고 있다.

세상이 인터넷 산업시대 다음 시장인 제4차 산업혁명의 블록체인으로 바뀌고 있는데 대마불사인 공룡 금융권은 아직도 슬슬 끓고 있는 냄비 속의 개구리로 남겨져 있다.

따라서 돈을 벌고 싶다면 금융을 알고 시작해야 한다.

금융기관의 자금을 활용할 정도의 지식과 정보를 알아도 쉽게 금융기관의 자금을 무이자로 조달할 수 있다. 이렇게 조달한 자금을 종자돈으로 사업에 투자하여 수익을 극대화할 수 있다.

수익발생은 지속적인 금융기관의 자금을 조달할 명분이 되며 기업의 오너는 성장을 위한 다양한 투자를 계획할 수 있다.

한국에서도 철저히 준비를 해서 미국 진출을 한다면 미국에 아무런 연고가 없어도 회사를 설립해 사업을 시작할 수 있다. 당연히 금융기관의 자금을 무이자로 제공받아서 말이다. 그렇다고 무한정으로 무이자를 제공받는 것이 아니라 단기간 그리고 자금 종류와 기업오너의 자금운영 계획에 따라 결정된다.

한국과는 달리 기업의 자금 용도는 범위를 확대하여 운용할 수 있다. 예를 들면 자금세탁을 제외한 기업의 해외사업 송금 및 부동산 관련된 산업에 투자가 용이하다.

회사 설립부터 스타트 신생기업들의 자금지원을 원활하게 지원받으려면 금융관련 공부를 멘토를 정해 시작하자.

규제가 심한 레드오션 시장인 한국만 고집하지 말고 대범하게 선진국 시장을 공략하자.

혹시 미국에 거주했거나 사회보장번호를 갖고 있다면 미국에 소기업 설립은 신속하고도 엄청 쉬워진다.

두드려야만 열린다는 사실을 명심해야 한다.

03

부자의 환경을
제대로 읽는 전략

어떻게 살까는 현대인들의 고민거리의 커다란 부분을 차지한다.

입적을 앞두고 반은 열반 상태에 계신 노스님께 젊은 스님들이 모여서 저희는 어떻게 살아야 하느냐라는 제목의 설법을 강청했다.

노스님의 짧은 네 글자로 설법을 대신했다.

'그냥 살아.'

젊은 스님들은 실망이 가득 찬 모습으로 각자의 처소로 돌아갔지만 들으면 들을수록 가슴에 와 닿는 말씀이다.

스님들이 지금껏 살아온 것처럼 앞으로도 계속 수행하고 정진해서 살아가라는 뜻이다.

스님이 아니라면 어떻게 반응할까? 아마 노스님은 이렇게 말씀하지 않을까.

'각자 환경에 맞게 살아.'

가난한 상황이 싫으면 가난한 환경을 벗어날 방법을 찾아야만 한다. 일찍 일어나서 남들보다 두세 가지의 직업을 찾아서 일하고, 가난을 벗어났던 사람들의 이야기를 귀 기울여 듣고 그러한 환경 속으로 자기도 빠져들도록 해야 한다.

이 세상에 쉬운 일이 딱 한 가지가 있다.

아무것도 안 하고 살아가면 가난해지는 방법이다.

'부자가 3대 못 간다.'라는 말이 있다.

첫 세대는 자수성가를 했기 때문에 망할 염려가 없고, 재산 모으는 과정을 지켜본 자식세대도 현상유지를 해낼 수 있지만 세상 물정 모르고 자란 손자 세대는 돈 관리를 못 해 재물을 지키기가 쉽지 않다는 것이다.

그러나 자수성가한 첫 세대도 아무것도 하지 않고 무능해지면 바로 망해서 가난과 함께 생을 마감하는 상황이 된다.

성경에 예수님도 현장에서 간음하다 붙잡혀 끌려 온 여인을 어떻게 처리하실까 하고 고민하는 군중들을 향해 '죄 없는 자가 먼저 돌로 치라.'라고 말씀하시고 여인을 향해 나도 너를 정죄치 아니하노니 가서 다시는 죄를 짓지 말라고 말씀하셨다.

젊은 스님들의 환경, 군중심리의 환경, 죄인의 환경을 읽는 종교의 선각자들의 환경을 제대로 읽어내는 능력이 오늘날에도 각각의 종교가 지속적으로 유지되는 것이다. 하물며 재물은 어떻게 지키고 관리해야 할까.

부자들의 환경에 걸맞아야 돈도 불어나는 법이다. 가난한 환경에 접하면 하루에도 쉽게 가난해진다.

부자들과 가난한 자들의 환경은 종이 한 장 차이다.

부자들은 모든 것을 자신에게 유리하게 긍정적으로 사고를 하고 가난한 자들은 언제나 남 탓으로 돌려서 자신도 남도 모든 것이 네거티브 결말을 맺는다는 사실이다.

젊은 스님들의 수행도, 간음한 여인이 끌려온 현장의 군중심리도 어떻게 보면 우리들의 민낯이다.

종교인들은 항상 자신들과 더불어 사는 이웃 사람들을 위하여 수행과 기도로 세상을 바꾸고 있다.

아름다운 우리의 삶을 남들과 상대적으로 비교하지 말고 나눔과 배움을 실천하는 부자의 환경을 제대로 만들어 나가자.

부자가 되려고 하는 사람들이라면 부자들의 환경을 흉내 내서 따라 한다면 재물을 어느 정도 모을 수 있다.

부자들은 정보를 얻고 실행하는 데 최선을 다한다.

정보의 시대여서 조금만 늦어도 막차를 타는 실수를 저지른다. 결국 시간과 정보를 얻는 데 쓰인 비용의 지출이 상당해 재물의 손실이 막대해진다.

우리는 인터넷의 발달로 정보가 홍수처럼 넘쳐나는 세상에 살고 있다.

부자들도 공짜로 정보를 얻고 열심히 검증도 해본다. 그러나 공짜로 얻은 정보는 세상의 넘쳐나는 '광고지'일 가능성이 높다.

부자들은 전문가들과 멘토의 분석과 자문을 통해 실행을 한다는 점이 일반인들과 확연히 다르다.

또한 부자들은 독서를 많이 하는 환경 속에 살아간다.

항상 전략과 지혜를 독서를 통해 얻는다. 베스트셀러는 당연하고 고전과 인문학 서적을 늘 끼고 생활한다.

이것이 부자들과 가난한 자들의 가깝고도 멀게 느껴지는 차이점이다.

세계적인 부자 중에서 수학, 물리학을 잘해서 성공한 사람은 별로 없다. 모두가 학교공부는 평범했거나 중간에 학업을 중단한 보통 사람들이다.

자신들이 잘 해결할 수 있는 것을 발견하고 죽을 듯이 노력을 쏟아 붓고 부자들이 되었다.

이런 부자들 대부분의 공통점이 과학도가 아닌 인문학에 심취한 사람들이다. 이들은 인문학 책을 옆에 끼고 살아간다. 책을 자주 뒤적거리며 미래의 불확실한 생각을 하기도 하고 과거시대의 생각을 훔치기도 한다.

무엇을 전공했느냐가 중요하지 않음을 알 수 있다.

희망을 갖고 부자들의 생각을 책으로부터 훔쳐내야 한다.

피카소의 유명한 말을 되새겨 본다.

'할 수 있다고 생각하는 사람은 할 수 있고, 할 수 없다고 생각하는 사람은 할 수 없다.'

돈을 버는 것도 여러 가지 방법이 있다.

직장생활을 통하여 경영자로서 성공으로, 1인 기업이든 프리랜서든 자신의 기업을 통해서 부를 끌어당긴다. 가난은 쉽지만 부자 되기는 어렵다. 부자가 되기로 결심했다면 부자처럼 행동하자.

사람들의 최고의 관심은 결국 돈이다.

부동산, 주식, IT 기술, 바이오, 화장품, 먹거리 등 결국 돈이 있어야 시작할 수 있다. 그러나 대부분의 사람들이 돈에 대해서는 몰라도 너무 모른다. 종자돈을 만들 생각은 하지도 않고 돈만 있으면 하는 가정하에 투자의 결과를 생각한다. 그러나 처음부터 투자한 돈도 없었지만 부자들의 성공 스토리를 듣고 자신들도 돈만 있으면 부자가 되리라고 막연히 생각하는 것이다.

대박 났던 부자들도, 로또에 당첨됐던 사람들도 돈 관리에 실패해 다시 알거지가 되었다는 스토리가 너무 많다. 돈에 대해 무지해서 그렇다. 돈을 제대로 활용하고 공부해서 사업에 도전해도 결코 늦지 않는다.

앞으로 100세를 살아가야 하는 시대다.

3개월 정도 시간을 내서 개인과 기업을 위한 금융교육을 받고 사업을 준비하자. 100일 정도는 자신의 시간을 투자해야 결과를 얻을 수 있다. 연인들도 100일 행사를 중시하듯이 부자가 되려는 사람들에겐 매우 귀중한 시간이다.

학교에서 배웠던 금융교육을 사회에 활용시켜 차익실현을 얻으려

하다 보니 경쟁이 극심하다. 모두가 학교에서 똑같이 배운 내용을 갖고 금융기관과 협상을 하다 보면 담보물건이 없다면 당연히 우선순위에서 배제가 된다.

금융기관을 정의하면 한마디로 남의 돈을 낮은 이자로 빌려, 높은 이자를 받고 대출해서 예대마진으로 수익을 극대화하는 집단이다. 물론 세상이 변해서 투자은행의 형태와 프로젝트 파이낸싱을 통해 이익을 극대화하는 금융기관도 있지만 아직까지 대부분의 금융기관들은 안전자산 확보와 보수적인 담보관련 대출연계 사업 이외에는 별로 관심을 갖지 않는다.

부자들은 또한 자기생활의 활력을 위한 여행에 많은 시간을 할애하는 환경 속에서 살고 있다. 그리고 스마트폰과 IT 기기를 소지하고 마치 옛날의 유목민들처럼 전 세계를 여행하며 즐겁고 행복한 인생을 살아가고 있다. 또한 그들은 자신들만의 독창적인 비즈니스를 개발하여 더 많은 부를 끌어 모으고 살아가려고 노력한다.

미래는 1인 기업, 프리랜서의 시대가 정답이다. 아니 벌써 선진국은 이미 1인 기업의 프리랜서들이 유튜브, 소셜미디어, 팟캐스트 등으로 엄청난 수입을 올리고 있다.

우리 모두가 부모로부터 기적적으로 태어난 인생이다.

나 때문에 세상 구경도 못 한 나의 형제와 자매를 위해서라도 멋지고 보람 있는 인생으로 살아야 할 것이다.

귀한 나의 존재와 이름을 남기고 우리의 본향으로 당당히 돌아가야 한다.

'귀천'의 작가 천상병님의 '나 하늘로 돌아가리라'를 마음속에 담아 본다.

세상에 태어나 엄마의 손을 잡고 소풍을 떠나듯이, 자신이 꿈꾸는 부자는 누구나 될 수 있다.

이제는 어떻게 살까라는 고민은 사라졌을 것이다.

전략적으로 독서하고, 3개월의 글로벌 금융 교육을 배우면 행복한 부자가 될 수 있다.

멘토를 선정한다면 금융교육을 체계적으로 배우게 된다. 부자들은 내일을 믿지 않고 지속적으로 독서와 공부에 열정적이다.

부자가 되기도 힘들지만 부를 지키는 것은 부자가 되는 것보다 어렵다.

슈퍼 커넥션은 제4차
산업혁명의 부의 시스템

기대를 많이 할수록 음식 맛도 좋아지듯이 돈도 어떻게 정보와 기회를 얻느냐에 따라 부자가 될 수 있다.

예전처럼 몸을 움직여서 돈을 번다면 세상사람 누구도 부자가 될 수 없다. 그저 남을 위해 평생을 일만 하다가 조용히 세상을 떠나야 한다.

우리는 세상에 태어난 자체가 기적적인 사건이지만 성장과 함께 현재의 주어진 상황 속에서만 두서없이 살아가고 있다.

가슴 아프고 절절히 후회를 해도 이미 돌이킬 수 없을 만큼 많은 시간이 흘렀다.

이는 많은 사람들이 느끼는 공통점이다. 지금껏 누구를 위해 험난한 세월을 살아왔는지 모를 정도다.

조셉 머피 박사의 〈잠재의식의 힘〉의 저서에 있는 구절을 인용해 본다.

"잠재의식과 현재의식은 두 가지 마음이 아니라는 사실을 알아야 합니다. 현재의식은 논리적으로 선택하는 마음의 영역입니다. 한편 잠재의식은 당신 자신이 아무것도 의식적으로 선택하지 않아도 됩니다. 예를 들면 심장은 계속해서 자동적으로 움직이며 소화, 순환, 호흡 등 중요한 생명 기능은 현재의식의 통제와 무관하게 줄곧 잠재의식에 의해 이루어집니다."

홀로서서 부자가 되기란 계란을 바위에 던져 바위가 부서지기를 바라는 것처럼 불가능해 보인다. 그러나 잠재의식을 활용한다면 계란 대신 다른 물체를 이용하여 바위를 부수듯이 부자들을 찾아가 방법을 전수받으면 수월하다.

하지만 누군지도 모르는 사람을 만나줄 부자들은 별로 없다. 결국 계획과 성공을 위한 생각을 잠재의식에 전달해 실행한다면 시간이 오래 걸릴지라도 당신의 목적을 달성하고야 말 것이다.

아무리 4차 산업혁명의 시대라고 하더라도 조정하는 역할은 사람이다.

왜 부자가 더 부유해지는지 궁금할 것이다.

부자들은 지식과 정보를 얻기 위해서 끊임없이 금융 시스템과 인맥을 구축하며 그들만의 네트워크를 기반으로 회원 전용플랫폼을 활용한다. 그리고 소중한 순간들을 놓치지 않기 위해 상당히 많은 기회비용의 대가를 치른다.

처음부터 극소수를 제외하면 부자로 태어나지 않았다.

대부분 가난하고 평범하게 태어나 자수성가로 엄청난 부를 일군 사람들이다.

그들은 한결같이 한 곳에 몰두하며 실패를 거듭해도 성공해야 한다는 신념을 버리지 않는다. 그리고 부자들은 독서를 통해 자기계발을 더욱 발전시키며, 시간과 비용을 들여서라도 다른 부자들과의 인맥을 강화한다.

처음부터 대단한 인맥을 구축하지 못해도 단계적으로 인맥을 넓혀 가면 최종적 단계의 슈퍼 커넥션을 구축할 수 있다.

서두르면 실패한다.

꿈은 크게, 시작은 한 걸음씩 앞으로 나아가면 어느새 꿈을 현실로 받아들이게 된다.

세상사람 전체가 공유경제의 혜택을 누리고 있다.

주택, 자동차, 사무실 등 소유할 이유가 없어졌다. 그런데도 돌아서면 소유의 생각을 떨쳐버리지 못해 망설인다.

부자들의 생각은 복잡하지만 마음의 결정이 나면 단호하다.

절대로 뒤를 돌아보지 않는다.

우유부단한 성격의 소유자는 부자가 되지 못한다. 잘못된 결정도 일단 실행을 해봐야 실패를 통해 다음을 기약할 수 있다.

부모의 도움 없이 오늘 자신의 존재가 있을 수 없다.

부자들은 오늘의 부를 이룬 것을 운도 따랐지만 인맥의 도움이라고 서슴없이 공개한다.

홀로서기가 얼마나 힘들고 외로운 시간인지 실패를 해본 사람만이 안다.

사업도 인생도 성공하고 싶다면 독서를 시작해야 한다.

책 속에는 아이디어와 작가와의 커넥션 방법이 있다. 그리고 웬만한 신인 작가들은 독자들의 연락을 기다리고 있다. 그들과 지속적으로 연결고리를 이어간다면 꽤 유명한 작가나 저명인사가 되어도 자연스레 슈퍼 커넥션으로 자리를 잡게 된다.

이제 가난을 한탄하지 말자.

그 대신에 멋진 미래를 믿고 자기암시 즉 잠재의식 속에 부자의 생각을 심자.

가난하고 실패를 경험하는 것을 숙명으로 생각하지 말고 부자의 길로 가는 과정이라 생각하자.

무의식중에 부정적인 사고를 잠재의식에 심어 스스로 불행을 초래하지 말고 긍정적인 신념을 갖고 실행하여 부자가 되어야 한다.

부자를 만드는 다음의 세 가지 법칙을 소리 내어 말하고 실천하자.

첫째, 스스로 부자가 될 능력이 있다고 자부한다. 부자는 절대로 가난으로 돌아가지 않는다.

둘째, 목표와 계획에 따라 자신 있게 앞으로 나아간다. 하루에 두 번씩 생각하는 부자의 모습을 마음속에 실제 상황으로 그리자.

셋째, 다른 사람들의 협력을 통해야만 부자가 될 수 있다. 어떠한 성공도 절대 혼자서 이루어지지 않는다. 혹시 홀로서기를 성공해도 오래가지 못한다.

주위에 소개받을 부자 인맥이 없다면 책을 사서 읽고 그 책의 작가부터 연락하자.

당신이 먼저 연락해야 연결이 된다. 작가도 독자가 자신의 책을 읽고 연락을 해오는데 거절하지 못한다.

작가로부터 먼저 연락이 오길 기다린다면 당신은 이미 유명해졌고 부자일 것이다.

부자가 되려면 당신의 마음이 결정해야 한다. 진정으로 부자를 소망한다면 당신은 그대로 부자가 될 것이다.

부자가 될 수 있다고 생각하는 자가 끝내 부자가 될 것이다.

오늘 바로 부자 선언을 하자. 그리고 서점으로 가자.

읽고 싶은 책을 몇 권 사들고 독서를 하자.

마음속에 지식을 갖고 있지 말고 나누고 활용하면 부를 쌓는 데 효과적이다.

부자가 되기 위해 전문지식을 갖고 싶을 것이다. 그러나 전문지식을 전부 가질 필요는 없다.

각 분야의 전문가들을 슈퍼 커넥션으로 연결한다면 틀림없이 부자가 된다.

세계적인 부호 중에 자동차왕인 헨리 포드는 초등학교, 발명왕 토머스 에디슨은 난청으로 3개월의 학력이 전부였다. 또한 현대 그룹의 창업자인 정주영 회장도 초등학교 학력이 전부였지만 한국의 입지전적의 부자가 되었다.

부자가 되기는 가난을 벗어나기보다 어렵고, 부자가 되기는 쉬워도 부자를 대대로 지키기는 절대 쉬운 일이 아니다.

인생을 지속적으로 배움에 둔다면 부자 되는 나이는 따로 없다.

인생 백 세 시대에 이제 50~60대는 청, 장년 세대다.

한창 공부하고 인생의 이모작을 준비한다면 부자는 스스로 만들어진다.

당신이 진정 부자가 되기를 소망한다면 우유부단함을 버리고 단호함을 보여야 한다. 과감한 용기와 인내심도 요구되는 경우도 있다. 실패를 무릅쓰더라도 한 번의 경험이 중요하다.

두려워하는 순간 만사가 귀찮아진다.

새벽녘까지 구름 위를 떠다니는 생각들이 깜박 조는 사이에 모래성처럼 부서지는 이유는 실천하지 않고 머릿속에만 그리고 있기 때문이다.

두려움은 공포를 유발한다.

공포는 조금씩 느리게 마음속에 가득 찬다.

두려움과 공포심이 마음을 혼란시킨다. 결국 우유부단함으로 모든 것을 쉽게 원점으로 되돌린다.

우리에게 부자가 되고 싶은 간절함이 있다면 위대한 결단을 해야 한다.

진정 부자가 되고 싶다면 신념에 따라 신속한 결단을 내리는 사람이 되어야 한다.

기회는 늘 행동하는 사람에게만 주어진다.

재테크 철학

01

누구나 글로벌 금융을
활용할 수 있다

한국인들의 세계 여행기는 남다른 것이 무척 많다. 산과 바다 그리고 아프리카 같은 초원 등 전 세계를 휩쓸고 다닌다.

정말 열심히 돈을 못 쓰서 안달이 난 민족 같다. 물론 그중에는 돈을 힘들게 모아서 계획한 여행을 떠나는 사람도 있다. 그러나 대부분의 사람들은 생각 없이 그냥 남들의 시선을 위해 돈을 뿌리는 것이다.

만약 돈을 벌면서 여행도 즐기면 어떨까. 부자가 된다면 정말 그렇게 할 수 있다. 아마 한국 사람치고 미국여행 안 해본 사람 별로 없을 것이다.

미국은 여권만 소지하면 은행 계좌를 한국보다 쉽게 개설할 수 있다. 다른 나라는 무척 까다롭다.

글로벌 금융거래를 활용하는 부자는 일과 생활의 구분 없이 놀면서도 돈을 번다.

보통사람들은 은행계좌 개설은 쉽지만 언제 또 올지, 다시는 안 올지도 몰라서 망설이다가 그냥 한국으로 돌아간다.

해외로 송금하면 그만일 것을 미국까지 와서 은행을 개설할 필요가 있느냐고 반문할 수 있다.

불과 10년 전만 해도 대단한 이슈가 되질 못했다. 그러다 최근 암호 화폐의 한국 내 거래규제로 많은 젊은이들이 금융기관과의 거래를 해외로 이전하는 사태가 발생했다. 해외 거래소 이용으로 국내 금융계좌 폐쇄의 결과가 글로벌 시대의 민낯이 돼 버린 것이다.

한국의 상위 부자들의 해외 부동산투자 또한 젊은이들의 암호 화폐 투자로 글로벌 금융기관에 은행 개설을 해야 하는 원인을 제공했다. 2018년은 한국의 암호 화폐 시장의 금융거래의 엑서더스 상황이 발생한 원년으로 기억할 것이다.

중국에서 부모의 원수는 용서할 수 있지만, 자신의 돈을 훔쳐간 원수는 절대 용서하지 않는다는 속담이 있다.

한국의 많은 지도자들과 정책에 부응했던 금융기관들의 위상이 크게 변화가 될 것이다.

투자와 사업은 신흥국 혹은 후진국에 할수록 리스크도 높지만 수익도 상당하다. 한편으로 영리한 토끼는 세 개의 굴을 만들어 만약의 사태를 대비하듯이 금융만큼은 안정적인 선진국의 시스템을 이용해야 한다.

부자들의 정보와 금융지식을 제대로 활용한다면 누구나 부자의 대열에 합류할 수 있다.

시간과 인내는 반드시 좋은 결과로 나타난다.

아직도 모든 이민자들이 아메리칸 드림을 꿈꾸고 있다.

동구권 유태인, 인도계, 중국계, 한국계 등 많은 이민자들 그리고 그들의 자녀들이 새로운 도전을 펼치는 곳이 미국이다.

미국 내에 거주하는 사람들도 있지만 미국 밖에서 살며 비즈니스 때문에 미국을 자주 오가는 사람들도 부지기수로 많다.

미국의 부자들은 금융권의 정보와 지식을 철저하게 파악해서 성공과 실패할 때를 대비한다.

지금부터 미국의 금융기관을 통하여 기업신용 및 운영자금을 마련하는 방법을 설명하고자 한다.

먼저 미국 내 50개 주정부에서 선호하는 주를 선정하여 회사를 설립한다. 물론 인터넷으로 신청 가능하며 한국서도 신청할 수 있다.

주정부 등록비도 저렴하다. 각 주마다 차이가 있지만 보통 $100~$200 정도이다. 약 7~10일 이내에 자신의 이메일로 등록된 서류를 받는다.

다음 단계로 미연방 국세청IRS에 기업고유 세금번호Employer Identification Number를 신청한다. 이때 고용주 개인정보를 입력해야 한다. 미국 시민권자 그리고 합법적으로 체류하는 사람들은 사회보장번호Social Security Number를 입력해야 하고, 그렇지 않은 외국인들은 미연방 국세청에 개인납세자 식별번호인 ITINIndividual Taxpayer Identification Number을 사전에 신청하여야 기업설립을 할 수 있다.

그리고 미국 내 금융기관에 기업당좌 계좌를 개설하면 미국 및 전 세계를 향하여 글로벌 비즈니스를 할 수 있다.

금융자금 지원과 혜택을 위해서라도 글로벌 금융기관을 선택해야 한다. 어느 정도의 자금을 예치하고 비즈니스를 시작한다면 처음부터 금융혜택이 가능하다. 기업신용 그리고 운영자금을 어렵지 않게 사용 가능하다.

처음부터 자본이 없다면 1~2년 정도 기다리면 금융을 활용할 수 있다. 물론 매년 기업과 개인 세금보고를 미연방 국세청에 해야 한다. 기업신용 자금은 1년 후면 $50,000 정도 가능하다. 2년 후면 $150,000~250,000 정도의 기업자금을 조달할 수 있다.

기업자금의 원활한 활용을 위해서는 기업설립 전부터 전문가의 자문으로 시작해야 한다는 사실이다.

이제 기업금융은 더 이상 글로벌 다국적기업만의 전유물이 아니다. 중소기업 때부터 규모에 맞는 컨설팅을 받는다면 금융기관의 자금을 적극적으로 활용할 수 있다.

미국이라는 나라는 50개 주로 형성되어 있어 각 주마다 국가의 개념으로 인정해야 한다.

비즈니스를 작게 혹은 크게 운영하든 매출이 5천만 달러(약 550억 원) 정도면 중소기업Small Business이다. 따라서 중소기업에 맞는 금융과 세제혜택을 먼저 숙지하고 비즈니스를 시작해야 순서가 맞는데, 성격 급하고 언어와 문화를 뛰어 넘어 진행하는 우리 교민들을 볼 때마다 불안하고 조마조마하다.

전문가의 컨설팅을 제대로 받고 1인 기업을 창업해야 한다.

비즈니스가 점점 발전될수록 전문가 그룹의 자문의 횟수가 빈번해야 한다.

세무회계, 법률 그리고 금융관련 전문가는 필수 코스다. 그렇게 해야만 기업이 성장하고 어려움을 겪어도 시련을 극복할 수 있다.

혹시 전문가의 자질과 능력이 부정적인 생각과 의심이 생긴다면 금융지식과 정보를 유명 온라인 강의로 검증하면 된다. 물론 시간이 엄청 걸리고 분야가 방대하다. 결국 인터넷 시대에도 오프라인으로 전문가의 컨설팅은 시간과 비용을 절감할 것이다.

이제 다른 나라로 이민 가는 시대는 지났다.

미국은 비자 없이 오고간다.

비즈니스가 잘되면 비용은 그리 중요하지 않다.

한국이든 미국이든 어디에 거주하든 인터넷 와이파이로 연결된 장소면 업무에 불편함을 느끼지 못한다.

한국 사람과 중국 사람은 지구촌 구석구석에서 살고 있다. 비즈니스의 중심도 점점 아시아로 향하고 있다. 그리고 인도와 중국 인구의 영향으로 금융시장도 점점 확대되고 있다.

아시아권의 국가들은 아직도 금융만큼은 정체된 후진국 시스템으로 운영한다. 외국인에게 자금 지원은 그만큼 인색하다.

이제 미국에서 기업을 시작해서 다른 나라로 비즈니스 영역을 넓혀 가야 한다. 미국의 활발한 글로벌 금융을 이용해서 미국과 자신이 원하는 나라에서 비즈니스를 하기를 권한다. 미국의 글로벌 금융을 이용한다면 물론 한국에서도 가능하다. 한국도 미국만큼 1인 기업과 프리랜서로 활동하기 좋은 국가임에 틀림없다.

한국은 유튜브 그리고 SNS 관련 비즈니스가 눈에 띄게 증가하고 있다.

오히려 한국이 아이템이나 마케팅이 빠르게 성장하고 있다. 하지만 자금력과 시장의 한계로 중도에 미국이나 중국에 시장을 뺏기고 있는 실정이다. 그러나 해외로 눈을 돌리면 이러한 어려운 문제들을 해결하기 쉽다.

모든 비즈니스를 콜라보Collaboration할 수 있다. 글로벌 금융을 활용한다면 누구나 꿈꾸는 비즈니스를 창업할 수 있다.

02 적은 종자돈으로 시작한다

　미국에 기업 설립 과정을 마치면 시간과 자본에 따라 기업신용자금을 조달할 수 있다.

　소액의 자본을 설립자금으로 은행계좌에 예치한다면($10,000을 예치한다고 가정하자.), 두 배인 $20,000 정도의 자금을 활용할 수 있다.

　이렇게 마련한 소액자금으로도 년 12~20% 수익을 낼 수 있다.

　처음부터 주택 모기지 증권과 공동명의 부동산 투자를 통해 부동산 투자 그리고 부동산 관련 금융에 투자를 하면 된다.

　1년 정도 경과하면 누구나 미국 금융기관의 금융을 활용해 비즈니스를 시작할 수 있다.

　아리스토텔레스는 시작이 반이라고 했다. 처음 시작은 미약할 정도로 적은 종자돈이지만 시간이 지날수록 투자수익이 눈에 띄게 증가할 것이다.

　확실하지 않거나 자신이 없을 때는 실제 사례가 중요하므로 경험도 얻을 겸해서 적은 자본으로 시작해야 한다. 혹시 실패해도 적은 액수는 나중에 복구가 가능하고 사업의 경험으로 발판을 삼을 수 있는 것이다.

지인과 친척들에게 신세져서 비즈니스를 하지 말고 자신의 기업 자금을 활용할 때까지 기다리자.

미국은 개인 신용에 따라 보통 주택가격의 3~5%의 자금으로 거주할 주택을 매입할 수 있다. 거주 목적이 아닌 임대목적의 투자주택은 10~20% 계약금으로 나머지 80%를 금융기관으로부터 15~30년 모기지 융자를 받을 수 있다.

적은 종자돈으로 부동산 투자에 맞게 기획한다면 상당한 임대부동산을 매입할 수 있다. 기업의 신용과 운영자금을 부동산 매입에 기업 명의로 투자를 해서 임대 및 관리로 사업을 시작하면 된다.

이런 레버지로를 이용하여 부동산 투자로 3~4년 만에 500채를 매입한 영국의 '롭 무어'는 기업금융의 레버리지를 활용해 가장 빠르게 젊은 부자가 되었다.

절대로 모든 일을 혼자서 처리해서는 안 된다. 능률도 오르지 않고 너무 외롭다. 당연히 돈도 벌지 못한다. 그렇다고 뜻이 맞는다고 일도 제대로 못 하는 지인들과는 부동산과 금융관련 비즈니스는 절대 금물이다. 차라리 인터넷을 통해 모르는 각 분야의 전문가들과 사업을 분담하고 공유해야 성공할 수 있다.

돈을 벌려면 돈도 유용하게 써야 한다. 당장 돈을 벌지 못해도 돈

을 벌기 위한 지출은 오직 전문가를 위한 투자 외에는 고려의 대상
이 아니라는 사실이다.

자금계획을 세우고 실패를 하더라도 스스로 적은 종자돈을 만들
어 봐야 한다. 그래야 돈의 위상과 필요성을 피부로 느낄 수 있는 것
이다.

부자를 동경하면서도 부자에 대한 부정적인 인식은 상당히 많은
사람들이 갖고 있다. 부자를 동경하는 이유는 돈을 싫어하지 않기
때문일 것이다. 하지만 아직 존경할 만한 부자가 국내에 별로 없어
서 긍정적적 사고보다는 반대의 결과인 부정적 사고가 선입견으로
나타나는 것이다.

처음부터 돈에 대해 분석하고 사업과 투자를 시작해야 한다. 돈을
모르면서 어떻게 돈을 벌고 투자하려는지 이해가 안 된다. 그래서
가난을 벗어나지 못하는 것이다.

돈에 자유롭지 못하면 부자가 되기보다 가난이 쉬워진다.

태어난 지 얼마 안 된 아기들이 넘어질 때 울면서도 자꾸 일어나
는 이유는 간단하다. 넘어지면 빨리 일어나는 방법을 수십 번의 실
패로 알아내는 것이다. 가난도 습관이 되면 나중엔 부자가 되려고
시도조차 않는다.

철저히 준비된 비즈니스도 적은 종자돈으로 시작하면 실패해도
빨리 수습하고 정리할 수 있어서 다시 도전하면 된다. 잃어버린 돈
이 상당하다면 다시 도전하는 데 시간과 두려움으로 엄두가 나지 않

을 것이다.

미국이라는 나라는 실패해도 다시 도전하기 쉬운 사회구조를 갖고 있어서 아직도 이민의 인기가 시들지 않고 있다. 파산도 미국의 연방법이며 파산의 의미가 회생하여 다시 도전하라는 것이지, 빚을 탕감받았으니 두 발 뻗고 누워 자라는 법이 아니다.

금융기관도 미국 연방파산법에 저촉을 받는다. 따라서 파산 신청을 하게 되면 법원의 결정까지 금융기관의 대출을 동결할 수 있다.

개인적으로 자금을 거래하여 파산선고로 파국을 맞게 되면 돈과 사람을 모두 잃게 된다. 그러나 금융을 통해 부를 축적한 부자들은 혹시 사업에 실패를 해도 사람을 잃지는 않는다.

부자들은 남의 돈을 이용해 부를 축적한다. 남의 돈이란 금융기관의 돈을 말한다. 어차피 금융기관들은 정부든 기관투자자 혹은 개인으로부터 자금을 유치해서 다른 금융기관이나 기업 그리고 개인에게 약정된 수수료와 이자를 받아 수익을 낸다.

따라서 은행 문턱이 높다고 한탄하지 말고 가능한 부문으로 문턱을 넘어야 한다.

부자들은 항상 전략적으로 여럿이서 전문가들과 함께 시도한다. 처음에 안 된다고 절대 포기하지 않는다. 왜 안 되는지를 파악해서 어떻게 해야 승인해줄 수 있는지를 집요하게 질문한다.

남의 돈 쓰기는 절대로 쉽지 않다. 그렇다고 어려운 것도 아니다.

정보와 사용 방법을 제대로 알고 대처해야 한다.

부자들의 정보는 값싼 것이 없다. 오히려 공짜가 비싼 대가를 지불한다는 것을 익히 알고 있다.

자본에 여유가 있어도 금융기관으로부터 자금을 조달하여 운용하는 경제적 습관이 필요하다. 달걀을 한 바구니에 담아서는 안 되듯이 자기 자본을 잘 활용해서 남의 돈, 즉 금융기관의 자금으로 비즈니스를 운영해 성공하면 더욱 수익률도 높고 가성비가 좋은 사업일 것이다.

그러나 처음부터 금융기관으로부터 많은 자금을 요청하면 거절당한다. 그러니 거절할 수 없는 적은 자금을 무이자로 쓰면서 점점 기업의 신용과 한도를 증액해 나가야 한다.

사업을 시작하기 전에 컨설팅을 받고 자금 조달이 완료될 때까지 전문가의 의견을 받아야만 다음 단계가 쉽고 순조롭다. 두드려야 열리듯이 금융정보와 지식을 사전에 철저히 준비해야만 기업자금 조달이 가능하다.

두 갈래 길이 숲속에 있었지만 남들이 가지 않은 길을 택해서 운명을 바꾸었다는 로봇 프로스트의 '가지 않는 길'을 눈여겨보길 바란다.

우리 교민 대부분이 금융지식과 정보의 부재로 이렇게 쉬운 기업자금 조달 방법을 모른 채 힘들게 비즈니스를 하며 살아가고 있다. 한국에 거주하는 고객도 미국 금융기관의 혜택을 받고 있는데도 말이다.

고정관념을 바꾸기가 너무 힘들기도 하지만, 부정적인 마인드도 비즈니스 성공의 지름길을 가로 막는 것이다.

강조하자면 비즈니스는 전문가의 멘토링을 응용하고, 적은 종자
돈으로 타인의 돈을 활용한다면 누구나 부자가 될 수 있다.

03   '톰 소여 모험' 효과

톰 소여가 어느 날 말썽을 피워 이모로부터 집 울타리에 페인트를 칠하라는 벌을 받았다.

혼자서는 감당하기에 너무 힘들어 하던 '톰'은 지나가는 친구 '벤'을 보는 순간, 기발한 아이디어를 떠올린다.

'벤'이 '톰'의 불쌍한 모습을 비웃고 지나가자, '톰'은 전혀 이해할수 없다는 표정을 지으며 울타리에 페인트칠을 하는 건 아주 재미있는 환상적인 일이라고 너스레를 떤다.

'톰'의 말에 혹한 '벤'은 자기도 한번만 칠하게 해달라고 애걸하지만, '톰'은 단번에 거절한다. '톰'이 계속 거절하자 '벤'은 먹고 있던 사과까지 주면서 사정한다. 다른 친구들까지 모두 '톰'의 꾀에 걸려들어, 톰 대신 울타리를 칠하게 된다.

이처럼 힘든 일도 게임이 되면 재미있게 할 수 있다는 사실을 알게 되고 자신이 아닌 다른 사람들의 참여로 쉽게 성공하게 된다.

2010년부터 주택공유 임대사업을 시작하면서 고객들의 과민반응과 성공에 대한 의구심으로 진행이 더디었다. 상당기간의 고민 끝에 '톰 소여 모험 효과'의 방식을 고객들에게 활용하여 진행했다. 그 결과 지금은 고객들이 더 열심이다.

우리 고객들은 3~5명씩 그룹으로 정하여 각자 최소의 투자금(1인당 $10,000)으로 공동명의를 통한 공유부동산 임대사업으로 월 10%의 배당을 받고 있다.

사업도 게임처럼 즐기면서 자발적 동기로 시작하면 성공할 것이다. 남에게 피해를 줄 수 있는 사업에 '톰 소여 효과'를 사용해서는 억지 춘향이 되고 사기로 결국 모두 망하게 된다.

부자가 되기를 원하면 먼저 성공의 확신이 서야 한다.

부자가 된다는 믿음이 마음속에 자리 잡고 있는가. 그렇다면 철저한 준비로 자신이 제일 잘 해결할 수 있는 사업을 진행하면 성공할 것이다.

〈성경〉 야고보서에 이런 말씀이 있다.

'오직 믿음으로 구하고 조금도 의심하지 말라. 의심하는 자는 마치 바람에 밀려 요동하는 바다 물결 같으니', '두 마음을 품어 모든 일에 정함이 없는 자로다.'

부자가 되기를 바라면서 진행하는 일마다 성공할까, 실패할까를 하루에도 수십 번 의심하며 두 마음을 품는데 당연히 부자가 될 수 없다.

과거에 성공했던 사례를 똑같이 사용한다면 반드시 실패한다. 아마 톰 소여도 같은 방법을 두 번 사용하지 않았으리라. 따라서 '톰 소여 효과'를 이용하여 선의의 재미있고 신나게 부자가 되는 방법을 공유경제에 적응시키자.

많은 사람들이 떼구름처럼 몰려들 것이다.

공동명의로 임대주택 매입을 여러 번 경험하게 되면, 세금과 비용절약 면에서 효과는 별로 없다. 두세 번 정도의 경험으로 공동 투자자들의 투자성향과 투자원칙을 공유하게 되면 공동의 지분으로 유한회사를 설립하면 된다.

물론 의견을 수렴해서 정관에 명시해야 나중에 다툼이 없다.

회사설립은 공동의 투자목적에 맞도록 전문가의 컨설팅을 받고 설립해야 한다.

회사를 설립하고 경영관리 전 부문을 리드해가는 경영인을 제너럴 파트너라고 부른다.

5년 전에 사례와 투자자들의 만족도를 연구하기 위하여 제너럴 파트너를 내가 맡기로 위임을 받고 유한회사를 설립하여 부동산 매입에서부터 금융권 접촉 그리고 임대관리까지 진행을 했다.

첫 사례여서 내 시간과 전반적 모든 과정의 컨설팅 수수료를 받지 않고 미래의 고객들을 위해 톰 소여의 접근 방식을 택했다.

지금까지 단 한 건의 다툼이나 어려움이 없었다.

투자수익을 매월 자동으로 입금받으며, 세제 및 수리와 임대차 계약에 이르기까지 모든 과정을 약속한 대로 회사에서 처리를 하므로 파트너인지 일반 투자자인지 구분이 별로 없다. 그래서인지 여기에 속해 있는 투자자들은 나갈 생각을 않는다.

5년간이라는 기간이 한정되어 있어서 내년부터는 임대관리 및 투자 자문 수수료를 받는다. 아직 속단하기 어렵지만 그동안 습성에 젖어서 안 냈던 비용을 지출한다면 볼멘소리도 있으리라 생각한다. 스스로 독립하려고 생각도 들 것이다. 그러나 수익만 생각했지 전체 과정과 운영관리에 신경을 쓰지 않아서 당장 독립하기도 힘들다.

톰 소여의 효과를 서로의 입장으로 생각하자. 그렇게 된다면 서로의 윈윈 전략이 된다.

자신의 직업과 일을 노동으로 생각하면 재미도 없을 뿐더러 남을 위해 자신의 시간과 노력을 바치는 것이다. 수입도 별로 많지 않다. 여기에서 중요한 포인트는 재미도 있고 수입도 극대화할 수 있다는 전략이 바로 '톰 소여 효과'다.

나는 처음부터 투자자들을 파트너로 인정하고 회사를 설립했다. 물론 투자자들은 그렇게 생각지 않았다고 했다. 그러나 투자자들은 시간이 가면 갈수록 자신들이 잘못된 생각을 인정하기 시작했다.

이유는 간단하다. 투자자들은 떠나기도 하고 새롭게 유입이 될 수 있기 때문이다. 우선 내 투자수익을 위해서라도 온 힘과 노력을 기울여 투자를 성공시켜야 미래를 기약할 수 있고 투자자든 파트너든 참여 가능하다.

사람들은 잘되면 꼭 따라서 한다. 그리하여 악의적으로 기획해서 진행하는 사업자들도 많다. 그러나 생명력이 보장되지 않는다.

톰 소여는 부정적인 생각을 긍정적인 생각으로 바꿀 줄 알았다.

자신이 받은 벌을 친구들에게 대가를 치르지 않고도 친구들에게 재미있고 즐거운 일로 상황을 반전시켰다.

홀로 시작하려는 사업을 톰 소여처럼 적용하여 주위의 많은 사람들을 일과 즐거움을 선사한다. 얼마나 멋진 사업일지 상상해보자.

부동산 비즈니스는 전 세계적으로 모든 사람들이 쉽게 진입할 수 있는 매력적인 사업이다. 부동산을 사고팔아서 이익과 수수료를 챙기는 시대는 지나갔다.

이익의 많은 액수가 매각과 동시에 국가의 세수로 집행되며 수수료를 지불하고 나면 전보다 좋아진 상황은 별로 없다. 따라서 부동산을 팔지 않고 금융을 활용한다면 엄청난 수익과 미래의 먹을거리인 제4차 산업에 올라탈 수 있다.

어차피 언젠가는 세금과 여러 비용들을 낼 터인데 조금이라도 자산을 늘린 다음에 낸다고 사회적 지탄이나 국가에서 닦달하지 않는다. 기업이 잘되면 개인도 사회도 물론 국가에게도 엄청난 자산이다.

금융을 잘 활용하여 톰 소여의 효과를 비즈니스에 접목시킨다면 부자의 길로 들어설 수 있다.

피할 수 없는 버블 붕괴의 계절이 온다

04

역사는 되풀이된다. 사람은 태어나고 죽는다. 인간이 태어나기 전에도 세상은 존재했었다.

이제 자연현상 발생과 우주의 생성과정이 어느 정도 밝혀졌다. 그러나 대부분의 사람들은 그러려니 하면서 현재를 위해서만 살아가는 특성이 있다.

과거야 그럴 수 있다고 어느 정도 인정하지만 미래는 오로지 자신의 이익만을 위해 살아가고 있는 것이다. 특히 경제적인 어려움을 겪고 생활고에 시달리는 현실 상황이 담긴 장면들은 인간의 부정직한 정신 상태를 혹독하게 표현하고 있다.

10년 전, 미국 '서브프라임 모기지 사태'를 겪었던 대다수의 서민들과 중산층 그리고 기업 투자자들은 그 당시 1920년대 후반의 '대공황' 사태가 재현되는 것이 아닌가 하고 의심을 했다. 그러나 현실을 외면할 수 없는 인간들이 아니어서 다행히도 정부가 직접 셀 수 없을 정도의 돈을 발행해서 위기를 간신히 모면했다.

여기서도 국가 보호주의와 개인 이기주의가 작동했다.

화장실 들어갈 때와 나올 때 입장이 다르듯이 힘들고 고통스러워 다시는 부동산 구매와 투자에 진저리를 쳤던 사람들이 언제 어려웠 느냐고 반문하듯 부동산 투자와 투기에 열을 올렸다.

그러자 불과 몇 년도 지나지 않아서 부동산시장에 물량 공급이 수 요를 따라가지 못했다. 특히 주택 공급이 많이 부족했다.

가격은 이미 서브 프라임 사태의 고점을 찍고 수직으로 올라섰다.

금융기관도 엄청난 부채와 부실 채권을 국민들의 세금으로 모두 메우고 선한 기업처럼 행동을 했다.

이제 주택을 압류당한 수많은 홈오너와 부채를 감당 못 해 스스로 죽음을 선택한 자들로 넘쳐났다. 집을 잃고 거리를 서성대는 홈리 스들은 모두 죄인과 신용불량자 취급을 당했다. 그러나 이런 사태를 일으켰던 금융인들은 죄를 인정하거나 검찰에 기소되었다는 신문 기사는 보지를 못했다.

오히려 정부의 대규모 지원으로 금융기관들의 재무 상태는 서브 프라임 모기지 사태 이전보다 더욱 건전해졌다. 그러나 새로운 4차 산업혁명시대의 도래와 현명해진 소비자들은 이들 금융권의 과거 를 잊지 않고 지켜보고 있다.

앞으로 수년 내에 로컬뱅크는 물론이고 글로벌 대형 금융기관도 지금의 40~50%로 몸집을 줄여야 할 것이다.

소비자들과 금융기관 그리고 정부까지도 지난 세월의 고통을 벌써 새까맣게 잊었다.

현재의 미국경제는 수십 년 이래 최고조이며 실업률은 최저치라고 한다. 모두 들떠서 과거를 잊기에 안성맞춤이다.

등산을 하다 보면 정상까지의 오르막길은 사람을 기죽이게 한다. 그러나 어느덧 정상에 가까워지면 흥분된 마음으로 힘들던 오르막길을 잊게 된다.

그래도 얼마나 오래 정상에 머무를 수 있을까. 자칫하면 하산 시기를 놓치거나 실수하면 죽을 수도 있다. 죽지 않더라도 공포와 두려움으로 심각한 부상을 당할지 모른다.

언론에서는 2019년부터 미국의 경제도 고점을 찍고 하강 국면에 들어설 수 있다고 호들갑을 떨고 있다.

경기가 둔화되고 미국과 중국 간의 무역전쟁으로 모두가 패자가 될 수도 있다.

소비자들의 지갑이 서서히 닫혀가고 있고 중앙은행은 기준 금리를 만지작거리고 있다.

지난 서브 프라임 모기지 사태로 금융기관이나 정부도 세상 밖으로 뿌려진 엄청난 돈의 절반도 아직까지 회수를 못 했다. 당장 세계대전이라도 일어난다고 가정한다면 끔찍하다.

모든 것이 엉망진창이 되겠지만 오히려 세계경제의 펀더멘탈은 바람직한 경제 활성화 모델이 될 것 같다. 물론 인류의 참혹한 세계대전은 더 이상 지구상에서 발발해서는 안 되겠지만 말이다.

세계적으로 경제의 버블이 몰려오고 있다. 정말 인간의 탐욕으로 모든 분야에서 상상치 못한 가치의 버블이 생겨났다.

당장의 10년도 내다보지 못하고 후손을 위한 대책도 없이 앞만 보고 달려가고 있다.

베네수엘라의 살인적인 인플레가 한국을 비롯한 선진국에는 발생하지 않는다는 보장은 없다.

이제 예전처럼 통계가 시간적으로 오래 걸려서 발표되거나 정보의 진위를 시시비비 따지는 시대가 아니다. 모든 상황이 초단위로 변하는 시대에 살고 있다.

조금만 늦게 대응해도 엄청난 재난을 당하게 된다는 사실을 너무나 잘 알고 있다.

주위를 돌아보면 경제의 버블이 상당하다고 여길 것이다. 가정이나 기업 그리고 정부도 모두가 흥청망청하게 자기 돈 아니라고 돈 무서운 줄 모르고 써대고 있다.

다음 세대로 물려줄 정책과 유산은 안중에도 없고 종말이 올 것처럼 오늘을 즐기고 있는 것이다.

세계 각국이 미래의 인구 절벽으로 산업 전반의 계획을 새롭게 수정해야 함에도 오늘의 흥청망청함은 반드시 버블 붕괴의 시절을 몰고 올 것이다.

그럼 어떻게 준비를 하면 될까? 〈성경〉 속의 '요셉'을 따라 한다면 앞으로 경제 버블 붕괴를 대비할 수 있다.

첫째, 금융공부를 시작하자.

금융이라고 표현하니까 광범위하고 어렵게 느껴지는가. 그렇다면 지금부터는 '돈'이라고 하자. 얼마나 쉽고 친근하게 다가오는지 피부로 느낄 것이다.

'돈'을 활용하는 공부를 시작하면 된다.

내 돈은 건드리지 말고 남의 돈을 활용하면 버블 붕괴가 되어도 잃을 게 없다. 특히 금융기관의 돈을 나의 금고로 이용해서 부자가 되는 비법을 전수받으면 된다.

둘째, 가능하면 창업하자.

요셉은 이집트의 총리가 되기 전엔 가족들로부터 왕따를 당해서 죽음의 코앞에서 노예로 팔렸다.

처음부터 가족과 지인을 상대로 돈놀이와 사업을 해서는 안 된다.

스스로 자수성가의 성공을 목표로 명확한 사업 기획을 철저히 준비해야 한다.

처음부터 자신이 좋아하고 문제가 발생하면 잘 해결할 수 있는 사업을 선정해야 한다.

셋째, 분산투자는 복의 근원이다.

요셉처럼 분산투자를 한다면 버블 붕괴의 계절이 다가와도 복의 근원이 될 수 있다.

요셉의 지혜는 하늘로부터 거저 떨어진 것이 아니었다.

꿈과 비전을 실천하면서 하늘의 뜻을 온전히 지켰기 때문이다. 꿈 꾸는 자로서 하늘의 비전을 실행에 옮겨 수많은 백성과 가족을 기근에서 벗어나게 하였다.

온 세상이 기근으로 고통을 받을 때 가나안의 가족들을 이집트로 이주케 한다.

요셉은 당시 세계 최강대국의 총리로서 가족들을 이집트의 왕궁으로 초대한 것이 아닌 이집트의 변방으로 가족을 분산 이주시켰다.

민족의 대탈출을 인도하는 안목을 갖고 이집트의 변방인 고센 땅으로의 거주를 왕으로부터 허락을 받는다. 이주민으로의 시기와 질투 그리고 계속된 기근으로 인해 가족을 보호하며 가나안에서 모든 소유를 이끌고 내려온 부를 지키기 위한 처신이었다.

당시의 이집트 백성들은 오래된 기근으로 그들의 소유는 물론이고 온 토지까지도 요셉을 통하여 왕에게 헌납했다. 그러나 고센 땅의 요셉 가족은 요셉의 지혜로 소유물과 가축들을 끝까지 지킬 수 있었다. 만약 요셉의 지혜를 오늘날에도 적용한다면 앞으로 다가올 버블 붕괴의 계절도 두렵지 않을 것이다.

이상으로 새로운 미래의 금융과 부동산의 글로벌 '동서남북 프로젝트'의 시작을 알리고자 한다.

세상 어디에서 거주를 한다 해도 먼저 미국의 글로벌 금융기관을 통해 자금을 활용해야 한다.

미국 50개 주 중 지인의 도움을 받을 수 있는 도시를 선택해서 소규모 회사를 열고 금융거래를 시작하자. 거래와 실적이 전무해도 무방하다. 우선 페이퍼 컴퍼니로 만들고 은행계좌를 개설해야 요셉처럼 가족과 부를 지킬 수 있다.

동서남북 프로젝트는 바로 요셉의 지혜를 활용한 글로벌 금융을 통해 부자가 되는 시스템이다.

여러 명으로 함께 시작해야 성공한다. 그런 다음 '돈 공부', 바로 돈을 활용하는 공부를 시작하자.

친척, 지인을 배제하고 비즈니스의 명확한 계획을 세워 전문가와 멘토의 도움으로 사업을 시작해야 미국금융을 활용하는 방법을 터득할 수 있다.

힘들었던 과거를 회상하며 미래의 비전을 준비한다면 언제 어디서든 버블 붕괴의 계절이 닥쳐와도 요셉처럼 하늘의 지혜를 얻을 수 있다.

05

환금성이 최고인
글로벌 부동산시장 진입

농사의 이모작 그리고 삼모작을 들어본 적이 있는가?

자유경제시대에 한 해에 똑같은 작물을 두 번, 세 번씩 경작을 해서 수입의 극대화를 이루는 나라들이 있다.

만약 사회주의 국가에서도 이를 시행하여 경작에 참여한 시간대로만 보수로 인정받는다면 과연 삼모작은 그만두고 이모작의 기대가 나타날 수 있을까 하고 생각해보았다. 결과는 여러분들의 생각과 상상에 맡기겠다.

정치를 악용하는 요즘에는 자본주의 시장경제의 장점을 별로 열거하기가 쉽지 않다.

세계 1, 2위의 경제 대국인 미국과 중국의 무역전쟁으로 한 치의 앞도 볼 수 없는 상황까지 벌어졌다.

강대국의 자국 보호주의 경제 정책으로 불확실한 미래의 글로벌 마켓이 시시각각으로 변하고 있는 것이다.

결국 증권, 부동산, 그리고 원자재 시장에 대한 투자의 불안요인이 돈의 안전자산으로 이동을 부추기고 있다. 예전이나 지금이나 상황이 좋아도 나빠도 역시 환금성이 최고인 것이다.

미국의 금리는 2018년에만 벌써 4번이나 인상되었다.

지난 3분기까지 최고점을 찍고 실업률도 사상 최저치를 기록했다. 미국과 중국의 무역전쟁도 영향을 끼쳤지만 경제란 하염없이 승승장구할 수 없듯이 오르막이 있으면 반드시 내리막도 있는 것이다.

경기가 활황일 땐 언제나 흥청망청하지만 언제 낙동강 오리알 신세가 될지는 겪어봐야 알 수 있다.

나는 25살에 미국으로 와서 험난한 나그네 인생길을 37년째 살고 있다.

대한민국에서 태어나 대학을 마치고 미국으로의 새로운 정착은 경제활동의 순항으로 어려움 없이 20대 후반과 30대 초반을 나름대로 여유롭게 보냈다.

그러다 계획 없이 문어발식 기업 확장과 금융의 무지로 청, 장년 생활을 험난하게 보내지 않을 수 없었다.

1982년 저축은행들의 파산 및 합병, 1987년 블랙 먼데이 주가 하락으로 경제 하강, 1991년 '이라크 침공의 사막의 폭풍' 전쟁으로 경제 불황, 2001년 세계무역센타빌딩 테러사건으로 경제 불황 사건들은 금융과 정보의 무지와 부재로 나의 중년시대는 험난했고 기회 포착이 늦어졌음을 적나라하게 일깨워준 초대형 사건들이었다.

앞으로 이런 사태가 온다면 기회를 놓치지 말아야겠다고 수없이 마음속으로 다짐했지만 기회는 쉽사리 오질 않았다.

그리하여 동네 도서관에서 늦은 밤까지 경제관련 기사를 스크랩해 자료를 모았고 관련된 책을 닥치는 대로 읽기 시작했다.

아마 그 당시 습관이 오늘의 나를 존재하게 했는지도 모른다.

7년이 지나서야 나에게 기회가 찾아온 것이다. 얼마나 기다렸던지 살이 떨리고 눈꺼풀이 경련을 일으킬 정도였다.

그동안 살면서 다섯 번의 경제위기를 겪었지만 2008년의 '리먼 브라더스 파산'과 '서브 프라임 모기지 사태'만한 대형사건을 접하게된 적은 없었다.

많은 중산층의 미국인들이 고통을 겪고 강제적으로 스스로의 다운사이징을 당해야 했다.

하늘은 스스로 돕는 자를 돕는다고 했던가.

뉴욕에서 처절했던 나의 경제적 어려웠던 사례들이 눈앞에 생생했다.

직장을 잃고 집을 포기하는 중산층이 늘었고 정부의 주택 안정화 정책이 발표되었다. 그러나 정작 문제의 발단인 금융권은 자신들의 생존에 몸부림쳤다. 고객들의 심각한 모기지 부채 상환 유예는 안중에도 없고 압류절차를 계획대로 밀고 나갔다.

그러자 그동안 갈고 닦았던 협상 실력을 발휘할 때가 왔음을 직감했다.

먼저 우리 집을 선두로 금융권을 상대로 정부의 주택 안정화 정책 프로그램을 통해 모기지 상환 유예와 모기지 금액 하향 조정을 승인 받았다.

기존 매월 납부액 $2,000을 $1,200로 조정받고 나니 앞으로 오래 살아야 할 이유가 생겼다. 무려 40퍼센트의 월 불입금의 조정은 내 사업에도 날개를 달게 되었다.

그렇게 10년이 훌쩍 지났고 30년의 주택융자금을 기업신용 자금과 기업 무담보 자금을 활용하여 5년 단위로 일찍 갚아가고 있다.

다시 우리 회사나 파트너 회사에 매각해서 부동산으로 자금을 원활히 활용한다. 나는 이런 형태의 부동산 활용을 이모작, 삼모작을 해서 나의 부동산의 환금성을 최대로 이용한다.

부동산시장도 '프롭테크'란 신조어가 탄생했다. 아주 느리게 움직이던 부동산시장도 제4차 산업혁명시대에 걸맞게 변하고 있다.

미국은 신용의 나라이다. 그러므로 영리하고 힘 있는 신용을 갖춘 기업과 소비자만이 금융의 비밀을 풀고 혜택을 마음껏 누리며 살아갈 수 있다.

기업의 크레딧 히스토리를 2~3년 잘 운영하며 전문가의 자문을 받는다면 미국 내의 모든 금융기관으로부터 어떤 종류의 융자나 크레딧 신청도 거절당하지 않는다. 거절당하지 않는 자체가 능력이고 바로 자금력이다.

나는 기업의 힘의 원천인 자금을 마음껏 활용할 수 있는 프로그램을 완성했다. 내가 제일 힘들이지 않고 잘 해결할 수 있는 부동산 투자와 기업자금 형성으로 우리 회사는 주택과 업무용 부동산을 매입하고 임대 사업을 하고 있다.

매입을 한 후에는 투자자에게도 매도를 하지 않고 3~5년에 한 번씩 회사의 자금을 활용하여 계속하여 부동산을 매입하고 있다.

투자의 귀재인 유대인들도 흉내를 내지만 나름대로 소득을 얻기가 쉽지는 않은 것 같다.

글로벌 시대에 해외를 다니면서 매물을 일일이 살펴보고 투자를 해서는 이미 시간과 비용의 낭비가 만만치 않다.

원금을 보장받을 수 있는 투자라면 과감하게 앞서 나가야 생존이 가능하다.

경제와 정치가 안정되어 있는 선진국에 타인(금융)의 자금을 활용하여 수익 창출이 가능한 사업을 해야 글로벌 비즈니스라 할 수 있다. 여러 종류의 글로벌 비즈니스 중에 누구나 선호하는 부동산 투자를 새로운 핀테크 시스템을 응용하여 사업에 적용한다면 사업의 확장을 기대할 수 있다.

언제 어디서 어떤 뇌관이 터질지 모르니 매사에 환금성이 가능하도록 선진국의 금융을 터득하여 자금의 흐름을 원활하게 만들어야 한다.

자금의 흐름이 막히지 않는다면 경제의 불황이 길어져도 견뎌낼 수 있다.

부동산투자의 금융 활용으로 차익실현을 극대화하는 데 별로 오랜 시간이 걸리지 않는다. 아마도 몇 년 후에는 많은 사례를 통해 새로운 글로벌 부동산의 환금성에 관심을 갖는 사람들이 늘어날 것으로 예상된다.

06

부자가 되려면
부자와 함께 하자

사람들이 부자가 되지 못하는 이유는 가난이 부유하게 되는 것보다 미덕이라고 잘못 판단하는 것 같다. 부자들의 돈을 비열하게 번 돈으로 생각하는 마음의 병이 있는 듯하다.

과연 자신이 번 돈은 당당할까. 아마도 그렇다고 생각이 들겠지만 이는 근본적으로 잘못된 생각이다.

돈을 악으로 또는 더럽다고 비난해서는 안 된다.

돈은 비난받을 대상이 아니다. 돈은 교환수단으로써의 가치 그 이상도 이하도 아니다.

다른 사람의 부의 증식을 험담하면 부자로의 자격을 얻지 못한다.

부자가 되려면 부자들의 사고와 행태를 자세히 살펴보고 상상력을 통해 그들과 함께 해야 한다.

부자들의 현명한 조언과 행동 덕분에 돈을 벌고 사회에 환원한다면 인생의 즐거움을 풍족하게 누릴 수 있다.

앤드류 카네기는 '인간은 과도한 풍요 속에서도 가난을 두려워한다.'고 말했다. 또한 '가난은 습관이다.'라고 표현했다.

가난한 마음의 상태를 습관적으로 받아들이면 결국 가난해진다.

실패가 습관이라면 성공도 습관에서 나올 수 있다.

부자가 되려면 재물을 얻고자 하는 명확한 목표를 세우고 성공에 필요한 행동을 부에 대한 성공한 사람들과 어울려야 한다. 성공한 사람들이 만나주지 않을 때는 좌절하지 말고 그들과 교감할 수 있는 채널을 구축하는 것도 좋은 방법이다.

SNS로, 그들의 저서인 책으로, 아니면 그들의 세미나와 강연에 참석해도 부자의 대열에 합류하게 된다. 그리고 부정적인 마인드와 가난한 사람들과 함께 있다면 지금이라도 그들과 단절해야 한다. 그렇지 않으면 절대로 부자로 성공할 수 없다.

맹자의 어머니가 자식의 교육을 위해서 이리저리 옮겨 다니다 서당 근처로 이사를 했더니 맹자가 자연히 글공부에 열심히 했다고 하지 않았던가.

이와 같이 복잡한 생각을 저버리고 간단한 원리를 적용하자.

부자들과의 교류를 통해 그들의 이야기를 듣고 흉내라도 내보자. 어쩌면 쉽게 부자로 갈 수 있는 방법을 알게 되거나, 여태껏 돌고 돌아 가난의 제자리에서 탈출할 수 있는 기막힌 아이디어를 발견할 수도 있다.

부자들의 성공담은 거만과 거품으로 가득할지라도 경청해야 한다. 불필요한 내용은 알아서 삭제하고 배울 것과 장점을 내 것으로 만들면 되는 것이다.

　대부분의 부자들도 지겹도록 가난을 경멸하며 자신에게 부의 기회가 오지 않음을 불평했다. 그러나 그들은 목표를 포기하지 않았다. 오히려 실패를 거듭할수록 명확한 계획을 세웠다.

　부자들은 신념으로 뭉친 의지를 내세워 잠재의식에도 부자의 모습을 각인시킨다. 그렇게 스스로 부의 길로 자신을 몰아쳐 가면서 꿈과 인생을 즐기고 있다.

　주위를 돌아보며 책을 가까이 한다면 반드시 성공한 부자들을 만날 수 있다. 의심하지 말고 그냥 부자들이 하는 대로 하면 된다. 그렇게 한다면 언젠가는 부자가 된다. 남들도 부자가 되어 있는 당신을 열심히 연구하며 따라서 행동할 것이다.

　남을 의식하지 말고 자신의 신념과 의지대로 행동해야 한다. 남들의 비난에 민감한 반응을 보이면 죽도 밥도 아닌 것이 된다. 두려움도 이겨내야 부자들과 어깨를 나란히 할 것이다. 이를 지켜내지 못하면 가난 속으로 깊이 빠져든다.

　시간이 없다고 떠들지 말고 일부러라도 시간을 만들어서 자기계발에 투자해야 한다.

　하루는 24시간이다. 3분법을 이용해서 부자들의 시간 보내기를 상상해보자. 그들은 어떻게 시간을 활용하는지 궁금하지 않은가?

　누구나 특별한 체질이 아닌 이상 8시간은 수면시간이다. 또한 생계를 위한 8시간은 신성한 정신 및 육체 노동시간이다. 결국 나머지

8시간이 부자와 가난을 넘나드는 시간이 된다.

건강한 여가시간이 되든지 아니면 미래의 불필요한 시간으로 될지도 모른다.

휴식도 오랫동안 지속되면 생활의 리듬이 깨져 원래의 상태로 돌아오는 데 꽤 시간이 걸린다. 결국 여가시간을 어떻게 이용하느냐에 성공의 관건이 달려 있다. 이 시간을 이용하여 새로운 것을 배우고 아이디어를 창출할 수 있기 때문이다.

부자들은 건강유지 방법도 생계유지 노동시간과 여가시간을 적절히 조절함으로써 휴식시간을 별도로 생각지 않는다.

대부분의 사람들은 취미를 찾아 시간을 보내지 않으면 음주, 가무, 도박 등 나쁜 습관에 젖어 있는 그룹들과 시간을 보낸다. 부자들이 새로운 기회의 시간을 만들 때, 가난한 자들은 불행한 시간을 보내며 수면시간을 줄여 일의 효율도 떨어트린다. 이로 인해 건강도 점점 나빠지고 있다.

여가시간을 부자로 가는 최적의 기회의 시간으로 만들어야 한다.

젊어서 억지로 생계를 위해 일을 한다고 해도 여가시간을 활용하여 앞으로 자신이 좋아하는 일을 하며 삶을 살아가는 비전을 가져야 한다.

나쁜 습관을 지닌 사람들과 시간을 무의미하게 보내는 사람은 평생토록 원하는 일을 하지 못하며 살아간다. 그러니 일은 힘들게 했지만 항상 최저 생활을 벗어 날 수 없는 것이다. 지금이라도 여가시간을 미래의 나은 생활을 얻을 수 있는 곳에 열정을 갖고 온 힘과 정성을 다해야 한다.

책을 읽고 강연과 세미나에 참석을 해서 여러분께 도움이 될 만한 사람들과 교제를 시작해야 한다. 수면을 위한 시간을 제외하면 나머지 시간은 천금 같은 기회의 여가시간이 될 것이다.

여러분은 '골든타임'을 놓치지 말기를 바란다. 이제부터라도 잠자는 시간 외에는 여러분의 미래의 이익을 얻는 데 투자해야 한다.

너무 이기적인 제안일지 모르나 자신의 이익에 부합하지 않는 사람과는 교제해서는 안 된다. 가난에서 벗어나 부자가 되고 싶다면 더욱 명심해야 한다.

'유유상종'이라는 고사 성어를 되씹어 보길 바란다. 같은 무리끼리 서로 따르고 좇아야 목표를 이룰 수 있다.

결국 시간이 돈이고 가난을 벗어나는 중요한 문제다.

남들도 잠자고 생계를 위해 노동한다. 단지 다르다면 나머지 여가시간을 어떻게 누구와 함께 하느냐가 관건이다.

부자가 되고 싶지 않은가?

부자가 되어 사회를 위해 봉사도 해야 하지 않을까?

세상에는 부자들인 인간들이 많다. 그들과 함께 교제를 나누고 시간을 투자한다면 반드시 원하는 부자가 되리라.

머릿속과 잠재의식에 명확한 계획을 담아보자. 그러면 여러분도 부자가 되고 부자처럼 행동하며 살아갈 것이다.

제2차 세계대전을 승리로 이끈 영국의 수상 윈스턴 처칠은 이렇게 말했다.

'마음을 바꾸지 않는 사람은 아무것도 바꿀 수 없다.'

영어로 'It is never too late.'라는 문구를 소개한다.

지금도 절대로 늦지 않았다. 지금 순간이 '골든타임'이다.

독서와 세미나 그리고 강연의 사교모임에 참여해 부자들과 친분을 만들고 함께 하자.

07 부의 시스템은
끊임없이 변하고 진화한다

아이폰이 세상에 태어난 것은 이제 초등학교 6학년 나이와 비슷하다.

2005년 마이크로소프트 회장인 빌 게이츠가 '앞으로 10년 내에 스마트폰으로 인터넷망과 와이파이가 제공되면 지구상 어디에서든지 누구나 영상통화가 가능하고 은행업무까지 쉽게 할 수 있는 세상이 도래할 것이다.'라고 발표했을 때 사실 대부분의 사람들은 고개를 끄덕이지 않았다.

현재 2019년은 어떤가?

우리는 3차 산업혁명을 이루어낸 빌 게이츠, 마크 저커버그 그리고 할 일이 너무 많아서 세상을 떠나기 싫어했던 우리들의 '괴짜' 스티브 잡스 아울러 4차 산업혁명을 선도하고 있는 수많은 괴짜들 덕분에 '1인 기업 창업'의 시대가 되었다.

나는 미래의 사업 아이템을 이미 선정해놓고도 10년이 지나서야 사업 아이템을 운용할 수 있는 지식과 기술을 완성할 수 있게 되었다. 실수와 실패를 수십 번 거듭하면서 '오늘은 내가 원하던 과거의 미래의 날이다.'라고 수없이 되새기고 뇌까리며 무의식중에 습관적으로 행동하도록 하루하루 하늘에 기도하는 마음으로 보냈다.

얼마 전까지도 사무실이라는 공간이 필요했다.

컴퓨터로 작성하는 서류, 관련된 공공기관과 회사에 서식과 요청 서류, 결재, 통보 등등의 새로운 소프트웨어 사용방법 때문에 개인 비서직과 사무행정 직원이 함께 해야 했다.

그러다가 3년 전부터는 노트북도 사용하지 않아서 무용지물이 되었다.

아이폰과 아이패드만 갖고 해외출장이나 여행을 다니면서도 모든 업무와 공공기관 및 금융권 활용까지 자유자재로 처리하고 있다.

한국의 고객 중에 30세를 갓 넘은 젊은 여성이 즐겨 쓰는 모토를 소개하고자 한다.

'현재 놀고 있지만 또 놀고 싶고, 앞으로도 계속 놀고 싶다. 그러면서 부모의 도움 없이 일 년에 3회 이상 유럽과 미국을 여행하며 살고 있다. 물론 놀면서 일하고 있다.'

지구상 어디에서든지 인터넷망과 와이파이가 제공되는 곳이라면 해결 못 할 업무가 없다. 모든 업무와 개인적인 업무까지 급속도로 처리할 수 있게 되었다. 특히 내 조국을 방문하게 되면 전 국토에 무상으로 거미줄처럼 깔려 있는 인터넷망과 와이파이 덕분에 항공기 문을 나오는 순간부터 업무가 가능하다. 얼마나 감사한 조국인지 해외에서 거주한 경험이 있는 사람이면 누구나 느낄 수 있는 것이다.

청년 실업, 비정규직 그리고 노후불안 세대 등등 여러 문제가 왜 해결되지 않느냐고 불평만 늘어놓는다. 결국 나 자신의 문제는 보지를 못하고 남의 능력을 기다리는 것에 익숙해진다.

성경에 '남의 눈의 티끌은 보면서 내 눈의 들보를 보지 못한다.'는 구절이 있다. 자신을 혹독하게 돌아보는 시간을 갖기를 바란다.

새로운 패러다임으로 자신이 가장 잘할 수 있고 즐겁게 놀면서 돈을 벌 수 있는 일을 찾아보자.

이 책의 독자들은 2002년 월드컵 준결승까지 진출한 '대한민국~ 짝짝짝~'이라는 구호 소리를 기억할 것이다.

우리 축구 국가대표팀이 사상 처음 월드컵 4강에 진출한 쾌거를 이루어냈던 것이다. 물론 홈그라운드의 이점도 있었지만 실력으로 준결승까지 진출한 것을 전 세계가 대서특필했다.

선수와 감독이 온 힘을 다해서 혹독한 훈련을 통해 축구장을 늘 즐겨 놀았던 놀이터로 한 결과였다.

사업도 실수와 실패를 분석하여 오랫동안 질리지 않고 잘할 수 있는 아이템을 개발한다면 요즘 유행어대로 대박이 난다.

대한민국 국민이 잘하며 질리지 않고 오랫동안 놀면서 할 수 있는 사업이 무엇일까?

바로 쉽게 답을 내릴 수 있다.

'부동산' 아닌가?

지금 그렇다고 무릎을 치는 사람들이 많을 것이다.

국내에서의 부동산 사업도 많은 사람들이 관심을 갖고 있다. 그러다 보니 너무 경쟁이 심한 '레드 오션' 마켓이다.

이제 해외시장인 '블루 오션' 마켓에 눈을 돌려보자.

국내에서 해외투자 시 복잡하고 까다로운 많은 제약들이 사라져서 많은 개미들인 소액투자자들이 국내보다 높은 수익률을 올리고 있다.

전 세계 어디 나라 사람이든 돈을 싫어하는 사람들은 없지만 우리만큼 유난히 '돈'을 모시고 사는 민족도 없다.

우리의 생활 생태와 흡사한 이스라엘 민족은 돈을 '다이아몬드'로 교환하여 소유하고 중국 사람과 인도 사람들은 돈을 '순금'으로 교환하여 소유한다.

사실 돈은 위생적으로도 문제가 있다.

똥냄새가 나는데도 우리 민족 대부분의 사람들은 코에 바짝 대고 냄새를 맡고 있다. 또한 침을 손가락에 묻혀가면서 시간만 나면 세어보고 또 세어보고, '한 번 보고, 두 번 보고 자꾸만 보고 싶네.'라는 예전 유행했던 노래가사처럼 하루 종일 '돈' 생각으로 다른 일이 손에 잡힐 겨를이 없다.

그러나 이렇게 애지중지하던 '돈'은 우리들의 이런 마음을 조금이라도 알아주는 것이 아니라 우리들의 일방적인 짝사랑으로만 치부하고 거들떠보지도 않는다.

냉정하게 뿌리치고 날개도 발도 없으면서 통보는 물론 다른 사람에게 소리 없이 이동한다.

우주 탄생 이후로 이렇게 일방적 러브 스토리가 없었다.

성경 신약 마태복음에서 예수께서는 돈(세금)에 관련된 제자들의 사악한 질문에 '가이샤의 것은 가이샤에게 하나님의 것은 하나님께 바치라.'라고 말씀하셨다. 예수께서도 얼마나 통제하기가 어려웠던 대목이었는지 엿볼 수 있는 말씀이다.

이천 년 동안 나라를 빼앗기고 전 세계에 흩어져 살아야 했던 이스라엘 유대인들은 거주할 나라가 없어졌기에 먹고 살아가는 데 이골이 났다. 다른 민족들 속에 살면서 이리저리 따돌림을 당하기도 했고 이용도 당하고 사기도 당했으리라 생각된다.

제2차 세계대전 때는 수백만의 유대인들이 희생과 수난을 겪었다. 그들은 살아남아야 했다. 유일신을 믿고 있던 그들은 다시 신앙으로 돌아서야 했다. 하늘을 향하여 서럽고 분한 마음도 소용없었다.

그들은 죄를 뉘우치며 회개하기 시작했다. 드디어 전쟁이 끝나고 그들은 전 세계를 향하여 메시지를 선포했다. '자신의 민족을 학살한 자들을 용서하지만 절대로 잊지 않겠다.'라고.

아메리카 합중국은 전승국가로서의 포용정책으로 전 세계인들의 이주를 받아들이면서 오늘의 난민 같은 유대인들의 정착을 동부해안인 뉴욕으로 허용했다.

그러자 유대인들은 생존하고 번창하라는 창조주의 말씀대로 밑바

닥부터 시작하여 하늘을 감동시키면서 하늘의 지혜를 구하기 시작했다.

그들은 제2차 산업혁명의 마지막 산업단계인 '서비스업과 금융업'을 계승 발전시키면서 그들만의 파생 금융 리그로 생성하여 뉴욕 월스트리트를 장악했다.

다시는 국가 없는 설움과 먹고 사는 문제로 더 이상 고통을 당하지 않기 위하여 '새로운 패러다임의 신금용 정책'과 '제4차 산업 혁명'의 두 마리 토끼를 알토란처럼 가꾸며, 동족에게 금융과 4차 산업 혁명의 사업에 비법을 전수하고 동참을 유도하기 시작했다.

닷컴 버블이 불기 전까지 세상의 모든 사업의 결정은 금융권에서 결절해야만 재정적으로 도움을 받았다. 물론 정치적 파워가 이미 포함되어야 금융권에서 결정한다.

그러나 유대인들의 파워가 너무 강했다.

기업이나 개인들은 금융권의 눈치 보기에 급급했다. 그러다 정치권과 다른 민족들(신흥 공업국가, 유럽연합 그리고 G2로 성장한 중국)의 거대한 반발 움직임에 잠시 주춤거렸다.

2008년에는 미국 파생상품으로 전 세계 글로벌 경제위기로 그들만의 리그에 빨간 불이 커졌다.

그러자 유대인들은 다시 조용하게 그들만의 모임을 갖기 시작해야만 했다. 그리고 새로운 결론을 만들어 세상에 공표했다.

미래의 제4차 산업혁명 시대는 금융권이나 정부가 최종 결정을 내리는 것을 용납하지 않는 사업을 시작한 것이다.

기업과 1인 기업이 프로젝트를 진행하고 금융이 알아서 찾아오도록 벤처 캐피탈 스타트업 구축, P2P를 통한 금융 산업 진출, 공유경제 기업 스스로 도, 소매 금융업의 진출 등은 현존하는 모든 국가의 정치권 파워를 약화시켰다.

어마어마한 파워를 자랑하는 전 세계 정보기관들도 정보가 없어서 그들의 눈치를 보면서 움직이기 시작했다.

앞으로도 수백 년 동안 그들은 거주하며 먹고 사는 데 문제가 없을 것이다.

전 세계 산업의 국가 표준정책 입안과 방향을 결정하며 새롭게 탄생하는 신흥국 정치 경제까지 아우를 수 있는 절호의 기회를 손에 거머쥐었다.

우리 민족에게도 아주 훌륭한 두 가지 방법이 예전부터 있었다.

첫째, 고구려 기마민족의 특성인 '빨리 빨리' 문화가 있다.

1998년 IMF 사태 전까지 빨리빨리 문화는 문제의 화신이었다. 수출을 해야 먹고 사는 대한민국에 너무 빨리 빨리 때문에 수출품이 반품되고 싸구려 제품을 만드는 국가로 오명을 남긴 일화가 있다. (물론 지금이야 'Made in Korea'는 세계 최고의 제품이 수두룩하게 많아졌다.)

닷컴 열풍으로 우리의 '빨리 빨리'는 문화 상품과 동시에 산업 혁신에 커다란 영향을 제공하게 된다.

전 세계 IT와 인터넷 관련 분야의 테스트 마켓과 처음으로 출시되는 대부분의 첨단 산업의 첨병 역할을 톡톡히 해내고 있다.

이제 우리는 더 빨리 하라고 외치고 있다.

훌륭한 기마민족 조상으로 계승해 내려온 숭고한 문화가 더욱더 자리 잡을 수 있도록 다 함께 멀리 가도록 하자.

둘째, 예전 농촌의 '품앗이' 제도가 있다.

전 세계 금융과 공유경제 사업의 90% 이상이 이스라엘 유대인들로 구성되어 있다.

예를 들면 애플, 구글, 페이스북, 우버, 에어비엔비, 리프트, 마이크로소프트 등의 공유경제 그리고 금융권의 오마하의 현인 워런 버핏, 헤지펀드매니져 조지 소로스 글로벌 은행권의 대부분의 CEO들, 거론하지 못한 기업들이 수없이 많은 것을 독자들도 알고 있을 것이다.

그러니 이제부터는 항상 부정적인 생각으로 남의 꿈과 비전을 찢는 일을 그만두자. 남은 절대로 내가 원하는 것을 공짜로 도와주지도 않고 그런 인생을 살아 주지도 않는다는 점을 빨리 깨닫자.

지금의 우리는 남을 탓하고 원망하며 두려움 속에서 자신을 꼭꼭 가두고 삶의 마감시점까지 자신을 보지 못하고 남에 의해 끌려가는 인생을 살고 있는 것이다.

미래를 확인하고 싶다면 과거 깊숙이 돌아가 보자. 아무것도 행동하지 않으면서 늘 불안과 두려움의 연속인 자신의 무지를 발견할 것이다.

만약 과거의 똑같은 사건의 기회가 다시 온다면 우리는 잘할 수 있을까? 그리하여 필자는 누구나 한 번은 참여할 수 있는 '패자 부활전'을 마련했다. 바로 '품앗이' 제도를 잘 활용하여 우리도 세계로 진출해야만 한다.

'지도자(리더)는 제일 늦게 먹어야 한다.'라는 말처럼 기업의 리더는 자기만 돈을 벌면 소인배 취급을 당한다.

세상은 혼자만의 영토가 아니다.

무지할 때에는 모든 것이 내 위주였다.

70억 인구의 세상에서 살아가려면 지식과 지혜 없이 살기란 쉽지 않다.

오래 살려면 행복과 삶의 윤활유인 '돈'이 필요하다.

'돈'은 선택이 아닌 필수 요소이다.

그리고 그 돈을 벌고 부자가 되길 원한다면 자신의 무지에서 탈출해야 한다.

'내 삶을 바꾸는 책 쓰기'의 조경애 작가는 무지의 중요성에 대해 다음과 같이 말했다.

"나를 불행하게 만든 것은 결국 나 자신이었다는 것을 깨닫게 되었다. 나의 무지로 인해 선택한 인생은 시간이 흐를수록 큰 재앙으로 다가왔던 것이다."

얼마나 과거의 대한 자신의 통찰을 글로써 표현한 것인지 모른다.

나는 배워서 남 주느냐라는 말을 학창시절부터 끊임없이 들으면서 자랐다. 자식이 잘되라고 자식을 위한 부모님의 공부에 대한 일방적 호소였다.

역으로 생각해보니 맞는 말이다.

부는 나눌수록 커지는 것이 요즘 대세다.

세상은 많이 변했다.

이제 배워서 남을 주자. 그러면 남도 잘되고 나도 잘된다. 재물을 잘 벌고 관리하여 비법을 공유하여 우리 민족에게 전수하자.

돈, 지식, 공유, 그리고 나눔을 행동으로 실천하여야 한다.

가난의 대를 더 이상 후손에게 남겨줄 수 없다.

우물 안 개구리가 되지 말고 독수리처럼 더 높이, 호랑이처럼 민첩하게 세상의 지식을 배워야 부자가 될 수 있다.